30の神社からよむ日本史

安藤優一郎

はじめに

八百万《やおよろず》の神という言葉に象徴されるように、日本には無数の神が祀られているが、神そして神を祀る社（神社）は信仰の対象であっただけではない。日本の歴史をみていくと、神社が歴史を動かしたり、歴史を作り出す舞台となるのは日常茶飯事のことだった。

合戦に先立ち、武将が神社で戦勝を祈願する事例は数多くみられるが、神社自体が戦場となることもある。「応仁の乱」として知られる応仁・文明の乱は、京都の上御霊神社に籠った東軍の畠山政長に対し、西軍の畠山義就が攻撃を加えたことからはじまった大乱だ。

境内で血なまぐさい事件が起きることも少なくなかった。鶴岡八幡宮で鎌倉幕府の三代将軍源実朝が甥の公暁に殺害され、源氏の正統が絶えてしまった事件などはその象徴である。

神社が歴史の主役となることも珍しくない。奈良時代、時の称徳天皇の信任を得ていた僧道鏡は皇位を狙うが、宇佐八幡宮の御神託により、その野望は潰えた。神社が歴史を動かした典型的な事例だ。また、本能寺の変の前には明智光秀が愛宕神社に委ねている。籤を引いて吉が出たことで、主君の織田信長を討つ決意を固めたと伝えられる。

神社が歴史を動かしたのは何も政治面だけではない。経済や文化面に大きな影響を与えることも度々である。神社への参詣が当の神社のみならず、鎮座する地域にも多大な経済効果を生み出す事例は多く、江戸時代に大流行したお伊勢参り（お蔭参り）などはその一例だった。

参詣者を対象として、文化の発信地になることもあった。神社というと宗教的な施設としてのイメージが強いが、江戸時代は歌舞伎の興業地でもあった。歌舞伎だけではなく、落語や講談などバラエティーに富む芸能興業を楽しめるエンタメの場所であったことはあまり知られていないだろう。そのぶん、お金も落ちるわけであり、地域経済の活性化に果たした役割は無視できない。

吉田松陰、乃木希典、東郷平八郎のように、神として神社に祀られることで、歴史上の人物として語り継がれていく事例に至っては枚挙にいとまがない。神社抜きに日本の歴史は語れないと言っても過言ではない。

本書は三〇の神社を舞台に歴史を読み解くことで、学校では教えられることがなかった日本史の意外な事実の数々を明らかにする。

本書執筆にあたっては日本経済新聞出版社ビジネス人文庫編集長桜井保幸氏、編集担当の野崎剛氏の御世話になりました。末尾ながら、深く感謝いたします。

二〇一八年六月

安藤優一郎

目次

中部

北《ほっ》海《かい》道《どう》神《じん》宮《ぐう》

なぜ明治に入って札幌神社が創建されたのか

神道国教化の試み

明治は神社の歴史において画期となった時代である。天照大神を祖先とする天皇中心の中央集権国家を樹立するため、神道による国民教化が目指されたからだ。神仏分離が強力に推進されるとともに、政府主導で神社が次々と創建されていった。京都の平安神宮や奈良の橿原神宮の創建はその象徴と言

所在地	北海道札幌市中央区宮ヶ丘474
主祭神（本殿）	大国魂神（おおくにたまのかみ）・大那牟遅神（おおなむちのかみ）・少彦名神（すくなひこなのかみ）・明治天皇（めいじてんのう）
創　建	明治2年（1869）

える。

国家プロジェクトとして開拓が進められた北海道にも、政府主導で神社が創建される。創建当初は札幌神社という名称だったが、後に北海道神宮と改称された。札幌神社創建の歴史とは、北海道開拓の歴史に他ならない。

北海道開拓の歴史を通じて、札幌神社が創建されるに至った背景を追う。

⛩ 蝦夷地の歴史

明治以前、北海道は蝦夷地と呼ばれたが、その頃は樺太や千島の島々も含めた総称である。歴史教科書に蝦夷地が登場するのは江戸時代の項からだが、すでに室町時代中期にあたる十四世紀には和人と呼ばれた本州の人々が北海道南部へ進出していた。

既に蝦夷地にはアイヌの人々が住んでいたが、和人の進出で生活が圧迫されたことで蜂起に追い込まれる。長禄元年（一四五七）に起きたコシャマインの戦いだ。この時蜂起したアイヌ人を平定したのが、後に松前藩主となる蠣崎氏である。

その後、渡島半島南西部にあたる松前に本拠を移した蠣崎氏は、江戸時代に入ると徳川家康から蝦夷地の支配を認められ、松前氏と改姓する。福山城を居城とする松前藩が誕生したが、その所領は現在の北海道西南の一部に過ぎず、蝦夷地の大半がアイヌ人の居住地であることに変わりはなかった。

幕府からアイヌ人との交易を許された松前藩は上級家臣に場所を定めて、蝦夷地交易の権利を分与した。所領の代りに、アイヌ人との交易権を与えたのだ。当時、蝦夷地では米が取れなかったからである。

実際のところは、本州からやって来た商人たちに交易を請け負わせて運上金を受け取るという「場所請負制」が取られた。商人たちは米・綿布といった本州の産物を蝦夷地に持ち込み、鮭・鰊・昆布などの蝦夷地の産物をアイヌ人から受け取った。

江戸時代も後期に入ると、ロシア船が蝦夷地の近海に姿を現しはじめ、通商を求めてくるようになった。事態を危険視した幕府は、最上徳内たちを派遣して蝦夷地の調査を開始する。その結果、松前藩だけには任せられないという判断のもと、蝦夷地を直轄地とした。文化四年（一八〇七）のことである。幕府は自ら北方の警備にあたろうとし、調査のため樺太や千島にも近藤重蔵や間宮林蔵を派遣している。

嘉永七年（一八五四）、幕府はアメリカと日米和親条約を締結する。アメリカのみならず、イギリス、フランス、ロシアとも外交関係を取り結んだが、条約に基づき伊豆の下田と箱館が開港場に指定された。これに伴い、幕府は箱館奉行を新設する。安政五年（一八五八）には日米修好通商条約が締結され、貿易も開始された。開港場の箱館には、外国領事とともに商人たちも居住しはじめる。横浜と同じく、箱館（現函館）がハイカラな街へと変貌する歩みがはじまった。

⛩開拓使の設置

幕府は蝦夷地を直轄地として箱館奉行を置いたものの、外交や貿易事務に忙殺されて開拓まではとても手が回らなかったのが実情だった。名実ともに蝦夷地開拓が国家プロジェクトとなったのは明治に入ってからである。

五稜郭で最後まで抵抗していた榎本武揚が降服したことで戊辰戦争は終焉を迎え、政府は蝦夷地の開拓に本腰を入れる。明治二年（一八六九）七月、蝦夷地開拓にあたる役所として開拓使が創設された。

開拓使は単なる一地方機関ではなく、政府各省と同格とされていた。初代長官には佐賀藩主だった鍋島直正が任命されるが、病気のため日ならずして辞任し、公家の東久世通禧が後任となる。

八月十五日、政府は蝦夷地を北海道と改める。新たな行政区画の誕生であった。大化の改新後、朝廷は日本を「五畿七道」に区画した。五畿は山城・大和・摂津・河内・和泉の五か国、七道は東海・東山・北陸・山陰・山陽・南海・西海道のことで、各道に武蔵国などの国々が付属した。

蝦夷地が北海道と改称されたことで「八道」となったが、日本の領土であることを明確化する意図も秘められていたことは言うまでもない。

北海道の開拓を主導したのは次官に任命された薩摩藩士黒田清隆だが、当初政府は北海道の開発に際し、全道の直接経営は無理と考えて諸藩に協力を求めた。開拓使が直轄したのは一部に過ぎず、水戸藩や佐賀藩など二十余藩、東京府、兵部省、増上寺などが入植して開拓にあたった。

入植に成功した事例としては仙台藩の伊達邦成主従が知られている。現在の伊達市の礎が築かれた格好である。明治四年（一八七一）の廃藩置県後も、生活の糧を失った士族たちによる入植は続いた。

開拓使次官そして長官となった黒田は、アメリカから農務長官のケプロンたちを顧問として招聘する。いわゆる御雇い外国人だが、彼らの建言を受けて北海道の開拓は進められていく。

開拓の動脈となる道路の建設、鉄道の敷設、そして製粉・製材・製鉄のほか皮革・煉瓦・ビールなどの官営工場が設立されていった。農業面で技術指導にあたったのが、クラーク博士で知られる札幌農学校だ。そのほか、北海道防衛の役目も担わせた屯田兵制度も導入された。

北海道開拓の拠点は札幌に置かれた。当初は開港場の箱館であったが、北海道でみると南に偏り過ぎていたため、中央部の札幌に開拓使の本庁舎が建設される。並行して、六十間仕法を一区画とする整然とした碁盤目状の市街地が造成され、現在の札幌市の原型が出来上がる。

⛩札幌神社の創建

このように、北海道の開拓にはケプロンやクラークたち御雇い外国人の助言が大いに与ったことはよく知られているが、それだけではない。明治政府は神様の力も借りて、開拓を推進している。

明治二年（一八六九）九月一日、東京で「北海道鎮座神祭」が執り行われた。北海道開拓・発展の守護神として大国魂神・大那牟遅神・少彦名神など三神を開拓三神と位置づけ、北海道に鎮座させようとしたのである。

三神の御霊代は開拓使長官東久世通禧によって箱館に移された。その後、開拓使の本庁舎が建設中だった札幌に移され、翌三年（一八七〇）に仮社殿が建てられる。

現在地に社殿が落成し、開拓三神が遷座したのは四年（一八七一）のことであった。勅旨を受けて札幌神社と命名される。開拓使としては札幌神社に祭られる開拓三神が開拓民たちの心の支えとなり、開拓が順調に進行することを期待した。

十五年（一八八二）、開拓使が廃止される。北海道の開拓が完了したからではなく、その事業を国営から民営に切り替えていこうとしたわけである。開拓使廃止後は創設された北海道庁が開発の中心となる。

大正二年（一九一三）には、伊勢神宮の正殿を解体して得た古材により本殿や拝殿などが造られた。札幌神社が政府から手厚い庇護を受けていたことが確認できよう。

昭和十三年（一九三八）十二月には北海道庁主導のもと、北海道開道七十周年を記念して開拓の功労者を祀る開拓神社が境内に創建される。開拓神社には黒田たち開拓使の歴代長官のほか、江戸時代に蝦夷地調査にあたった最上徳内たち三十六柱（現在は三十七柱）が祭神として祀られた。北海道（蝦夷地）の歴史を語る上で欠かせない偉人たちの力も借りて開拓を推進しようという道庁の意思がにじんでいる。

⛩北海道神宮への改称

昭和三十九年（一九六四）、札幌神社は明治天皇を増祀する。開拓三神とともに、近代日本の象徴であり北海道開拓の主宰者たる明治天皇が祭神に加えられたのだ。それに伴い、北海道神宮に社号が改称される。神宮に準じるような扱いを受けていた札幌神社だったが、名実ともに神宮に昇格した。北海道が社名に付けられたことで、北海道の開拓に大きく貢献した神社であることも明確化できたのである。

出《で》羽《わ》三《さん》山《ざん》

なぜ松尾芭蕉は出羽三山を参詣したのか

月山神社《がっさんじんじゃ》
出羽神社《いではじんじゃ》
湯殿山神社《ゆどのさんじんじゃ》

⛩ 修験のメッカ

山形県にある月山・羽黒山・湯殿山の総称・出羽三山は、山岳信仰つまり修験の霊場として広く知られている。修験者つまり山伏が山中での修行を通して呪力を得ようとした霊場であった。

しかし、江戸時代に入ると、修験者のみならず一

所在地	●山形県東田川郡庄内町立谷沢字本澤31 ●山形県鶴岡市羽黒町手向字羽黒山33 ●山形県鶴岡市田麦俣字六十里山7
主祭神（本殿）	月読命（つくよみのみこと）・稲倉魂命（うかのみたまのみこと）・大山祇命（おおやまつみのみこと）・大国主命（おおくにぬしのみこと）・少彦名命（すくなびこなのみこと）
創　建	推古天皇元年

般の参詣者も三山へと向かうようになる。そのなかには、俳聖松尾芭蕉の姿もあった。『奥の細道』の紀行文にも出羽三山は登場するが、なぜ芭蕉は険阻な山道を登ってまで参詣したのか。

『奥の細道』を通して、芭蕉と出羽三山の知られざる関係をみていこう。

⛩八方七口の登山口

修験道が誕生した背景には、日本固有の神の信仰と仏教信仰を折衷して融合・調和させようという神仏習合の思想があった。出羽三山における山岳信仰も、仏は神が姿を変えたものとする本地垂迹説のもと、三山の本地仏は観音菩薩（羽黒山）、阿弥陀如来（月山）、大日如来（湯殿山）とされた。

三山の山麓には、七カ所の登拝所（口）とその別当寺があった。別当寺とは三山の祭祀権を分有していた寺院のことである。

日本海側の庄内地方には手向（羽黒）口（別当寺・天台宗寂光寺）、七五三掛口（同・真言宗注連寺）、大網口（同・真言宗大日坊）、内陸部の最上地方には肘折口

（同・天台宗阿吽院）、村山地方には大井沢口（同・真言宗大日寺）、本道寺口（同・真言宗本道寺）、岩根沢口（同・天台宗日月寺）があった。合わせて七口だが、山麓以外の川代口（同・真言宗照光寺）を加えて、八方七口の登拝所と称される。

各別当寺の門前には宿坊が連なり宿泊の参詣者で賑わったが、最も広く参詣者を集めたのは手向（羽黒）口である。日本海側からの参詣者に加え、内陸側から最上川の水運を利用する参詣者が結構いたからだ。

別当寺の門前に広がる宿坊は修験者が営んでいた。修験者は各町や村で布教活動をおこない、町・村などの地域単位で講を組織した。講のメンバーが交代（代参講）で三山に参詣してくると、宿坊に宿泊させ、参詣の案内もするのである。

講の名称としては、「三山講」のほか「八日講」も多くみられた。湯殿山の大晦日が十二月八日だったからだ。毎月八日、信徒たちが集まり梵天立てなどの祭事を執り行う習わしもあった。

出羽三山の場合、冬場は参詣するのが難しかったため、信徒の参詣は夏季の数か月に限られた。農閑期にもあたる冬場には、修験者の方から講が結成された地域（檀那場）に赴き、加持祈禱などを執り行った。

出羽神社

檀那場には、里山伏（里修験）と呼ばれる宗教者が住んでいた。彼らは出羽三山で行われていた修行に参加することで、山伏の資格を得た者たちである。羽黒山では妻帯の修験者に坊号、妻帯していない修験者には院号を与えた。

里山伏は地元に戻って加持祈禱を行ったわけだが、講のメンバーが参詣する際には里先達として三山まで案内した。実際に山に登って参詣する段となると、宿坊付きの山伏が山先達（山案内）を勤めるのである。

三山に参詣するには、一般の社寺の参詣とは異なり次のような決まり事があった。

一定の期間、家族とは別に行屋と呼ばれる小屋に籠り、精進潔斎しなければならなかった。籠る前には周りの草を払い、水垢離の場や行屋の中を掃除し、地元の里山伏による祈禱も受けた上で、御幣を切ってもらう。行屋に籠っている間は肉食や飲酒を避け、家族とは別火を使って調理した精進料理を食べることになっていた。

参詣中、留守を預かる家族は村の鎮守などに毎日お詣りして、旅の無事を祈る。参詣者が無事に戻ってきた時は、「サカムカエ」と呼ばれた歓迎の儀礼が執り行われた。講のメンバー全員による直会（酒宴）が開かれ、三山から持ち帰ってきた御土産の御札が配られたのである。

⛩松尾芭蕉と奥の細道

『奥の細道』は松尾芭蕉の名前を不朽なものとした作品だが、出羽三山を参詣した時の記述があることはあまり知られていないかもしれない。

正保元年（一六四四）、芭蕉は津藩主藤堂家の領国伊賀国の上野に生まれた。芭蕉は侍大将の藤堂新七郎家に仕えるが、嗣子良忠は俳人北村季吟に師事しており、芭蕉とは俳諧仲間でもあった。

しかし、良忠の死去を受けて藤堂家を去る。芭蕉二十三才の時である。その後の動静はよく分からないが、寛文十二年（一六七二）に江戸へ下り、延宝八年（一六八〇）に深川に居を定める。後の芭蕉庵だ。

江戸を拠点に句作に邁進する芭蕉であったが、その一方、各地への旅を通じて蕉風と称された俳風を確立させる。俳句が織り込まれた代表的な紀行文としては『野ざらし紀行』、『笈の小文』などが挙げられる。

貞享四年（一六八七）には、軍神として知られる鹿島神宮に参詣した。『鹿島紀行』はその時の紀行文だ。前年には、蕉風開眼の句として知られる「古池や蛙とびこむ水の音」を作っている。

元禄二年（一六八九）三月二十七日、四十六才になっていた芭蕉は芭蕉庵を人に譲り、門人の河合曽良を伴って東北・北陸への旅に出発した。約五か月にも及んだ『奥の細道』のはじまりである。鹿島神宮参詣の時も、曽良は芭蕉の御供をしている。

芭蕉は名所旧跡で句を作りながら旅を続け、後に『奥の細道』を完成させるが、御供の曽良もこの時の旅で『随行日記』をまとめている。両作品では記述に若干相違がみられるが、『奥の細道』は文学作品であるため潤色されているらしい。日程については『随行日記』の記述の方が正確なようだ。

日光・福島・仙台・松島・平泉を経由して出羽の新庄に入った芭蕉と曽良は、最上川を船で下って庄内の清川で下船する。その後は陸路で七口のうち手向（羽黒）口へと向かい、羽黒山に登った。「五月雨をあつめて早し最上川」という著名な俳句は、新庄から出羽三山に向かう際に詠まれた句である。

⛩芭蕉の三山参詣

曽良の『随行日記』によれば、六月六日に芭蕉と曽良は羽黒山から月山へ向かい、山頂で宿泊した。翌七日、湯殿山に向かい、御神体を参拝した後、再び月山の山頂に登っている。その後、再度羽黒山に登り、出羽三山を去って酒田へと向かった。『奥の細道』では、月山に登ったのは六月八日のことになっているが、二度目の登頂の時だろう。

芭蕉たちは羽黒山に登った後、月山、湯殿山に向かい、折り返す形で再び月山そして羽黒山に登っているが、出羽三山を参詣する場合、そういう事例は他にみられない。

逆戻りする形で折り返すことはなく、湯殿山から大網口へと下りるのが定番であった。

後に芭蕉の名を慕う俳人たちが、その足跡を辿るため東北・北陸に向かう事例が多々みられるが、出羽三山を参詣する時は湯殿山で折り返して再び月山と羽黒山に登っている。芭蕉に倣ったのだ。

これにより、出羽三山での不可解な足取りが広く知られることになった結果、その理由が様々に詮索されてしまう。芭蕉が天台宗のスパイであったという説はその一つだ。

当時、出羽三山では別当寺が天台宗と真言宗に分かれて対立していた。天台宗のスパイだった芭蕉は、真言宗大日坊が別当寺を勤める大網口には下山できなかったというのである。

そもそも、芭蕉については幕府の隠密、あるいは忍者との説が指摘されることが少なくない。句作に名を借りて、東北・北陸諸藩の内情を調査していたのではないか。

その真偽は定かではないが、出羽三山の参詣ルートの疑問については、その前後に開催された句会で説明できるという指摘がある。

芭蕉は三山参詣前後の二日間ずつ、羽黒山に滞在して句会などを開催している。つまり、湯殿山参詣後に羽黒山に戻らなければならなかったが、その場合、湯殿山から大網口に下山してしまうと、庄内平野を大きく迂回する必要があった。それよりも、もう一度月山に登った上で羽黒山に出た方が、距離的にも時間的にも近いということで折り返したのではないかというわけだ。

いずれにせよ、芭蕉が参詣して『奥の細道』に書き残したことで、出羽三山は俳人の間に広く知られるようになったことは間違いない。特に芭蕉門下の俳人は出羽三山に続々と参詣し、芭蕉と同じく俳句を詠み、その周知に一役買うのである。

⛩『三山画集』の刊行

芭蕉の『奥の細道』を契機にその名が広く知られたことを踏まえ、出羽三山は宝永七年（一七一〇）に『三山画集』を刊行している。三山と付近の名勝を詠んだ俳句や詩・和歌、三山の縁起に関する挿絵などが織り込まれた作品だ。

現代風に言えば、出羽三山のガイドブックである。これにより、参詣者が増えたことは想像するにたやすい。『三山画集』刊行の目的でもあった。

結果的に、芭蕉は出羽三山の観光大使的な役割を『奥の細道』を通じて果たしたのである。

参考文献
岩鼻通明『出羽三山――山岳信仰の歴史を歩く』岩波新書、二〇一七年。

塩《しお》竈《がま》神《じん》社《じゃ》

なぜ伊達政宗に より厚く信仰されたのか

大神主伊達家

江戸時代、仙台藩伊達家では歴代藩主が宮城県塩釜市に鎮座する塩竈神社の大神主を勤めた。藩主があたかも宮司の立場となることは他に例をみないかもしれないが、伊達家は大神主として社殿の建立や修復にたいへん力を入れる。そうした姿勢は、財政難の時も変わらなかった。

所在地	宮城県塩竈市一森山1-1
主祭神（本殿）	塩土老翁神（しおつちのおじのかみ）・武甕槌神（たけみかづちのかみ）・経津主神（ふつぬしのかみ）
創建	不詳

藩主が宮司であるから当然と言えなくもないが、それほどまでして伊達家が塩釜神社への信仰心を示した理由とは何だったのか。

戦国大名伊達政宗の栄光と挫折に満ちた生涯を追いかけることで、伊達家が塩竈神社を厚く信仰した理由に迫ってみる。

⛩塩竈神社と多賀城

東北鎮護・海上守護の陸奥国一の宮として東北の人々から厚く崇敬された塩竈神社の近くに、多賀城という城があった。多賀城には陸奥国を支配する国府に加えて、鎮守府も置かれていた。

鎮守府とは蝦夷を鎮圧するための本部で、そのトップとして任務されたのが鎮守府将軍である。いざという時には、陸奥のほか出羽国の兵士を率いて鎮圧にあたることになっていた。蝦夷は奥羽から北海道にかけて住み、朝廷になかなか従おうとしなかった人々を指す用語だ。

朝廷の命を受けて東北支配の拠点多賀城に詰めた陸奥の国司や鎮守府将軍にとり、

写真提供：塩竈神社

その精神的な支柱となったのが塩竈神社である。多賀城からみると、ちょうど東北つまり鬼門の場所に鎮座していた。合わせて、同社は陸奥に住む人々の心も摑んでいた。

よって、陸奥国を治めるにあたり、塩竈神社と良好な関係を保つことは必須の要件となる。平安末期に陸奥を支配した奥州藤原氏、鎌倉幕府から陸奥留守職に任命された伊沢氏も同社を崇敬した。

陸奥に君臨する藤原氏や伊沢氏の立場からすると、厚い信仰心を示すことで陸奥の人心を掌握したい意図があった。伊沢氏は後に留守氏と称し、塩竈神社の神主職などを勤める。

室町時代には、奥州管領（探題）が置かれ

て陸奥の支配にあたった。戦国時代の到来まで、奥州探題は大崎氏が世襲する職となるが、引き続き塩竈神社は奥州探題から崇敬される。その意図は同じであった。塩竈神社が鎮座する塩竈は門前町であるだけでなく、港町としての顔も持っていた。塩竈湊には古くから諸国からの船が出入りしており活気があったが、江戸時代に入ると、石巻湊とともに仙台藩より遊女屋の営業が公認され、さらに賑わいが増す。

⛩伊達政宗の登場

室町時代には幕府から任命された奥州探題の大崎氏が留守氏に代って陸奥の支配にあたったが、戦国時代に入って幕府の権威が失墜すると、群雄割拠の状態に陥る。そのなかで台頭してきたのが伊達家である。

藤原家の流れを汲む伊達家は源頼朝から陸奥国伊達郡を与えられたことで、その郡名を苗字にした関東出身の武士だ。伊達郡は現在の福島県の北東部にあたる。

天正十二年（一五八四）、伊達家の家督を継いだ政宗は近隣の諸大名を次々と服属させ、急速に領土を拡大させる。同十七年（一五八九）には会津の蘆名家を滅ぼし、陸奥国はおろか東北一の勢力を誇る戦国大名となった。

伊達家の所領は現在の福島県中央部、山形県南部、宮城県南部にまで広がっていた。当時の居城は米沢城である。この段階では、塩竈神社は所領には含まれていなかった。

しかし、領土拡大を目指す政宗の前に立ち塞がった人物がいる。天下統一を目前にしていた豊臣秀吉だ。

秀吉は領土をめぐる戦国大名間の戦いを私的な紛争として禁止した上で、自分の裁定に任せることを命じる惣無事令により、天下統一を完成させようとしていた。諸大名に服属を求めるとともに、軍事力を行使することなく秀吉の権威のもと天下統一を実現させるという政策だった。関東や東北に向けて惣無事令が発せられたのは、天正十五年(一五八七)のことである。

ところが、関東の太守だった小田原城を居城とする北条家と東北の伊達家は、惣無事令を受け入れなかった。政宗の場合でいえば、惣無事令発令後に会津の蘆名家を滅ぼし、居城を会津黒川城に移していた。

同十八年(一五九〇)三月、秀吉は小田原攻めに乗り出し、二十万を超える大軍をもって小田原城や支城を十重二十重に囲んだ。ここに至り、万事休すと判断した政宗は秀吉への服属を決意する。六月、小田原に参陣し、秀吉に拝謁を請うた。

秀吉は政宗の服属を許したものの、惣無事令後に併合した会津の蘆名家旧領は没収する。七月に小田原城を開城に追い込んで北条家を滅ぼすと、時を移さず東北へと向かった。

政宗の居城となっていた黒川城に入った秀吉は、小田原に参陣しなかった陸奥や出羽の諸大名の所領を取り上げ、没収地に新たに大名を配置する戦後処理を断行した。政宗も、蘆名家旧領に加えて陸奥の安積郡と岩瀬郡を没収されてしまう。

だが、「奥羽仕置」と称される秀吉の戦後処理は東北に大混乱をもたらす。翌十九年（一五九一）には、所領を没収された葛西・大崎両家の旧臣たちが新領主となった木村吉清に対して一揆（葛西・大崎一揆）を起こした。

この一揆は政宗たちにより鎮圧されたが、一揆勃発の責任が問われた木村吉清は三十万石にも及ぶ所領が没収され、改易に処される。現在の宮城県北部に広がっていた木村の旧領は政宗に与えられたが、その代わり、福島県東部にあたる伊達・信夫・田村郡や、山形県南部にあたる出羽の長井郡など計四十万石余が召し上げられている。

つまり、差し引き十万石の減封を強いられた上に先祖伝来の所領まで失った政宗は、大いに不満を抱くが、秀吉の命に逆らうことはできなかった。米沢城も取り上げられた政宗は、秀吉の命により居城を岩出山城に移すことを余儀なくされる。

ここに、宮城県全域、岩手県南半分、福島県浜通りの一部を加えた陸奥二十郡六十万石余に及ぶ仙台藩領の原型が確定した。なお、常陸国や近江国にも飛び地二万石を与えられたため、伊達家の所領は計六十二万石となる。この状態が幕府の終焉まで続く。

⛩仙台藩の成立と政宗の悲願

奥州はおろか天下取りまで目指していたとされる政宗にとり、秀吉に膝を屈した上、切り取った所領に加えて先祖伝来の所領まで没収されたことは屈辱以外の何物でもなかった。以後、旧領の回復が政宗最大の課題となる。

秀吉により取り上げられた所領を新たに支配下に置いたのは、会津黒川城を居城とした蒲生氏郷だが、文禄四年（一五九五）に氏郷が死去すると、慶長三年（一五九八）

に越後から上杉景勝が移封されてくる。政宗は上杉家の所領となった旧領の回復を虎視眈々と狙っていたが、その絶好の機会が翌々年にやって来る。

慶長五年（一六〇〇）九月十五日、秀吉死後の政局の混乱のなか、関ヶ原の戦いが勃発する。徳川家康率いる東軍と石田三成率いる西軍が美濃の関ヶ原で激突するが、東北でも東軍に属する政宗と西軍に属する景勝が戦火を交えていた。

政宗は家康に与することで旧領の回復を目指す。家康も政宗を自軍に引き入れるため、秀吉に没収された旧領四十万石を与えることを約束する。東軍勝利の暁には、政宗は計百万石の大名になれるはずであった。

関ヶ原の戦いは東軍の勝利に終ったが、実は政宗の行動に不信感を持っていた家康は約束を反故にする。家康としては、自分の本拠地の関東にも近い東北で伊達家に大封を与えたくなかったのだろう。結局、伊達家の所領は六十二万石のまま変わらなかった。またしても屈辱を受けた格好だった。

翌六年（一六〇一）、政宗は塩竈湊にも程近い仙台に城を築き、居城を移す。仙台藩の誕生である。

政宗以降の歴代藩主は、藩領に組み込んだ塩竈神社への厚い信仰心を様々な形で示す。藩主自ら大神主に就任したわけだが、これは陸奥留守職の伊沢氏の前例に習ったものと言えよう。

社殿の建立や修復にも力を入れる。現在の社殿は四代藩主伊達綱村と五代藩主吉村が、九年の歳月をかけて宝永元年（一七〇四）に完成させたものである。

秀吉そして家康のため、奥州藤原氏や伊沢・大崎氏のように陸奥国に君臨しようとした政宗の夢は頓挫したが、藤原氏などと同様に塩竈神社に対して厚い信仰心を示したことには、その夢をいつの日か実現したい気持ちが秘められていたとは言えないか。

そんな政宗の気持ちを受け継ぐ形で、歴代藩主は塩竈神社の大神主となり社殿の修復にも力を入れたのだろう。

東京に残る塩竈神社

伊達家が塩竈神社に示した厚い信仰心は、江戸でも確認できる。

東京都港区新橋には港区立の塩釜公園がある。この辺りは、かつて仙台藩の中屋敷が置かれた場所だった。この中屋敷内に鎮座していたのが、園内に現存する塩竈神社なのである。

元禄八年（一六九五）、四代藩主の綱村が芝の上屋敷内に塩竈神社を勧請したのがはじまりだった。安政三年（一八五六）に、この地へ遷座となり現在に至る。

江戸改め東京にも、政宗の見果てぬ夢が神社という形で残されている。

神《かん》田《だ》明《みょう》神《じん》

なぜ徳川将軍家は神田明神の祭礼を見物したのか

⛩江戸総鎮守・神田明神

神田明神の通称で知られる神田神社は東京都千代田区大手町や丸の内、そして中央区日本橋を氏子圏にしていることから、会社の初詣の地として報道されるのが年明けの風物詩となっている。

江戸の頃は日枝神社（日枝山王権現）とともに、神輿を中心

所在地	東京都千代田区外神田2-16-2
主祭神（本殿）	大己貴命（おおなむちのみこと）・少彦名命（すくなひこなのみこと）・平将門命（たいらのまさかどのみこと）
創　建	天平2年（730）

とする祭礼行列が江戸城内に入ることが特別に許された神社でもあった。徳川将軍家の御上覧の栄誉にも浴したが、なぜ将軍は神田明神の祭礼を見物したのか。日本三大祭の一つと称される神田祭が江戸幕府の安定に果たした役割を探ってみる。

⛩三つあった天下祭

神田明神の創建は今から約千三百年前に遡る。奈良時代にあたる天平二年（七三〇）、大手町に立つ将門塚の周辺で創建された。

延慶二年（一三〇九）、平安時代中期に起きた天慶の乱で非業の死を遂げた平将門を祭神としたことで、後に太田道灌や北条氏綱たち名立たる関東の戦国武将から厚く尊崇されるようになる。慶長五年（一六〇〇）の関ヶ原合戦の際には家康の戦勝を祈願し、見事勝利を収めたことで徳川家つまり幕府からも尊崇された。

家康が死去した元和二年（一六一六）には、江戸城の表鬼門守護の場所にあたる現在地に遷座し、幕府の費用で社殿が造営される。その後も、明暦の大火や目黒行人坂

神田明神

の大火で社殿が焼失した際は、幕府が再建を援助した。
さらに、二年に一度執り行われる祭礼（九月十五日）時には、幕府から費用の一部が補助されるのが習いとなる。神輿を中心とする祭礼行列が江戸城内に入ることも許され、将軍御上覧の栄誉に浴した。これにより、神田祭は「天下祭」と称された。
江戸時代、天下祭と称されたのは同じ栄誉に浴した日枝山王権現だけだが、天下祭が三つあった時代がある。正徳四年（一七一四）の根津権現（現根津神社）の祭礼が天下祭として位置付けられた時だ。根津権現社地にあった甲府徳川家の屋敷で六代将軍徳川家宣が生まれ、その後社殿が建立されて同社が将軍の産土神とされたことが理由だった。

以後、神田明神、山王権現、根津権現の祭礼が三年交代で天下祭として執行される予定だったが、紀州徳川家から吉宗が将軍となると、根津権現の祭礼は天下祭から外され、神田明神と山王権現の祭礼が天下祭として隔年で執行されるスタイルに戻る。

天下祭となると、費用の補助などもろもろの負担が幕府に生じる。折しも幕府は享保改革断行の最中であり、少しでも歳出を抑制して幕府の財政再建を果たしたい吉宗の意図が秘められていたようだ。

なお、神田祭は将軍死去の年や大災害に見舞われた年は順延された。

⛩町名主による綿密な打ち合わせ

さて、幕府（将軍）肝煎りの祭礼だった神田祭はどのように執り行われたのか。担い手である江戸の町名主が残した日記から、その様子を復元してみよう。

江戸のガイドブックとして知られる『江戸名所図会』の編者である斎藤月岑は、神田雉子町（現千代田区神田司町）に住む名主であったが、その日記に神田祭の準備に奔走する様子が詳細に記されている。

以下、幕末に近い天保期（一八三〇～四四）の事例だが、準備を開始するのは祭礼から三か月前にあたる六月であった。まず、氏子圏に属する町の名主たちが集まり、当番町が決められる。その年の神田祭の幹事役だ。

当番町となった町の名主たちは祭礼の実施計画を連日打ち合わせる。祭礼と言っても、神輿行列だけが練り歩くのではなく、山車行列も城内や江戸の町を練り歩いた。山車には各町の町名や町の由来に因んだ人形や飾りが仕立てられたが、山車に続いて「附祭」という余興も執り行われるのが恒例であった。

附祭とは、女性や子供に手踊りをさせたり、プロの芸人に芸能を演じさせたり、あるいは大きな造り物（練り物）を仕立てるといった出し物のことである。本来神事である祭礼ではアトラクションのようなものだが、祭礼の主役になっていたのが実態だ。

山車は、毎回決まった人形や飾りであったのに対し、附祭は祭礼ごとに内容が一新される新しい出し物だった。各町が交代で担当したため、その年の流行の粋を集めたような祭礼行列となり、むしろ祭礼の主役となってしまった観もあった。

各町が競った結果、いきおい附祭の内容は華美とならざるを得ない。要するに費用が膨らむ。だが、将軍のお膝元で執り行われ、幕府からは祭礼費用が補助されている以上、その規制から逃れることはできなかった。実際、華美に走らないよう幕府は繰り返し訓戒している。

よって、神田祭の担い手である名主たちは幕府の意向を忖度し、付祭の内容を入念に協議しなければならなかった。祭礼の担い手と言っても、附祭の内容を決めることが一番の仕事だったと言っても良い。

附祭の内容が固まると、翌七月には参加芸人や祭礼の道筋を決める段となる。附祭に登場するのは人間や大きな練り物だけではない。人形も登場した。人形浄瑠璃のように、人形を使って演じさせることもあったからだ。そのため、芸人や人形師との交渉も不可欠だった。

八月には、参加予定の芸人の名簿が作成される。そして、町奉行所から江戸の都市行政を委託されていた町年寄に提出し、その了解を得ると芸人と契約する。人形も発注する。同月末には人形も出来上がった。

九月に入ると、祭礼に参加する町人の衣装を改めている。将軍の御上覧を受ける以上、好き勝手な衣裳は身に付けられなかった。天下祭であることの縛りがあったわけである。

前日には山車や練り物を引いたり、芸人や女性・子供に演奏させるなどのリハーサルが行われた。祭礼行列（パレード）の最終チェックであった。

⛩町奉行所によるチェック

いよいよ祭礼当日の九月十五日である。

斎藤月岑たち町名主は祭礼の現場責任者として出張ることになるが、最も懸念していたのは喧嘩だった。「火事と喧嘩は江戸の華」というフレーズもあるが、祭礼時には人数が膨れ上がる以上、喧嘩が起きる危険性は高かった。

町人どうしの喧嘩にとどまらず、武士との喧嘩になる恐れもあった。祭礼で気が大きくなった町人たちが武士たちとの間で喧嘩口論となり、ついには乱闘に発展してしまうのだ。これを現場で防ぐのも名主たちの役目だった。

もちろん江戸の町に向けては、祭礼行列に喧嘩口論を仕掛けないよう町触が事前に出されたが、通りいっぺんの町触だけでは防げなかった。そのため、名主たちが現場に出張り、見物人との間でトラブルが起きないよう目を光らせたわけである。

町触では、見物人が芸人に芸を所望することも禁止している。予定にない芸を披露することで、祭礼が遅延する恐れがあったからだ。幕府にせよ名主にせよ、予定通りに祭礼が進行することを望んでいた。祭礼に限らず、イベントの主催者が何よりも望むことであったのは今も江戸も変わりはない。

町年寄を通じて、事前に祭礼行列の内容は町奉行所に届けられていたが、当日、奉行所は与力や同心を現場に派遣し、届け出通りに執り行われているか見分している。幕府の監視下のもと、祭礼は執行された。

神田祭は数ある祭礼のなかでも、幕府から祭礼費用が負担されて将軍の御上覧にも浴する天下祭だった。よって、天下祭にふさわしい秩序と礼儀をもって執り行われることが最も重要視された。事前に附祭の内容を事実上検閲していたことなどは、その象徴的な対応だ。

幕府にしてみると、費用を補助して将軍も御上覧となる以上、祭礼の内容をチェックするのは当然のことだった。そんな幕府と祭礼を楽しみたい江戸っ子との間で奔走したのが、斎藤月岑たち町名主なのである。

滞りなく祭礼が済むと、翌日、名主たちは神田明神に参詣している。御礼参りである。神田明神から戻ると、精算事務などの事後処理が待っていた。

⛩将軍との一体感

江戸っ子による祭礼の代表格だった神田祭の行列は、江戸城内に入ることが許され将軍の御上覧の栄誉にも浴したが、なぜ将軍は江戸城内に入ることを許し、祭礼を見物したのか。

何と言っても、江戸っ子をして将軍との一体感を感じさせるためだろう。神田祭とは、将軍のお膝元にいることを実感させるのにまたとない機会だった。そんなプレミア感は祭礼を盛り上げる要因となる。そのぶん、将軍の御威光も輝く。

しかし、幕府は天下祭にふさわしい秩序と礼儀をもって祭礼が執り行われることを強く望んでいた。さもないと、江戸っ子とともに祭礼の主催者とも言うべき将軍の御威光に傷が付くからだ。

そんな幕府の意図を現場で実践したのが斎藤月岑たち町名主だった。彼らの奮闘も相まって、将軍肝煎りの祭にふさわしい天下祭が江戸で執行され続ける。天下祭とは、世界最大級の巨大都市江戸に君臨する徳川将軍家の威光を天下に示すことで、将軍をトップとする江戸幕府の安定にも大きく貢献していたイベントだった。

参考文献
岸川雅範『江戸天下祭の研究—近世近代における神田祭の持続と変容』岩田書院、二〇一七年。

日《ひ》枝《え》神《じん》社《じゃ》

なぜ徳川家により厚く尊崇されたのか

首相官邸間近に鎮座する江戸城の鎮守

東京の地下鉄に「溜池山王」という駅がある。

溜池山王駅から地上に出ると、首相官邸や高層ビルが立ち並ぶ光景が目に飛び込んでくるが、そのなかでひときわ目立つ巨大な鳥居こそ、駅名の由来ともなった山王権現である。現在では日枝神社の社名で知られるが、江戸時代は山王権現が通称だった。

所在地	東京都千代田区永田町2-10-5
主祭神（本殿）	大山咋神（おおやまくいのかみ）
創　建	文明10年（1478）

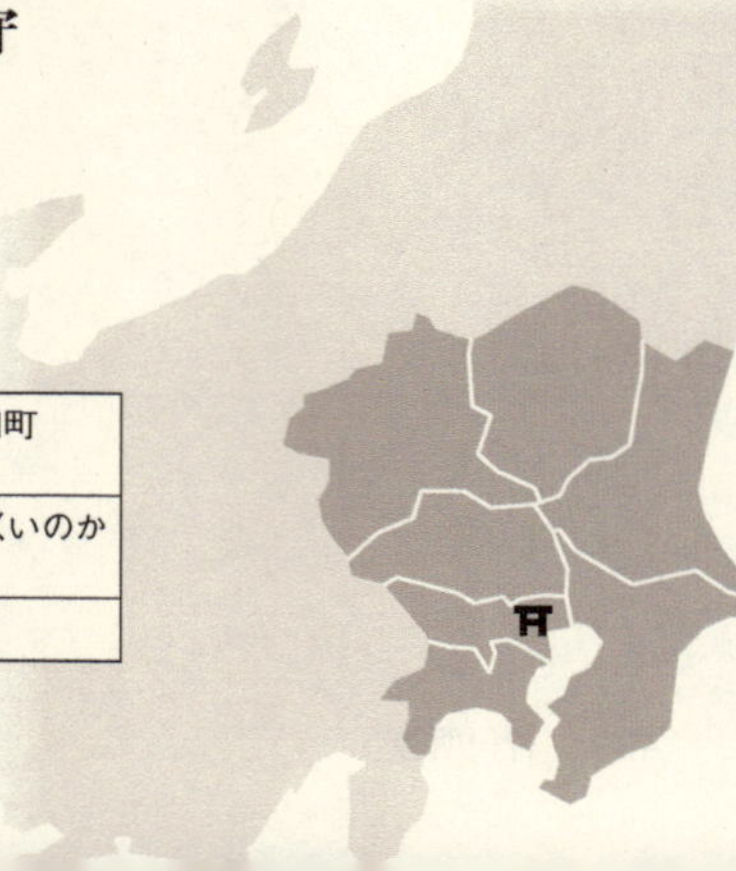

当時、幕府は山王権現（日枝神社）を江戸城の鎮守として敬っており、歴代将軍が将軍宣下の際などに太刀を奉納するのが習いとなっていた。こうした慣習は他に例をみないが、それほどまで幕府が山王権現を敬った理由とは何だったのか。江戸城の歴史を辿ることで、その理由を読み解いてみる。

⛩江戸城を築城した太田道灌

江戸城は徳川家康が居城に定めたことで徳川家のシンボルとなるが、それ以前は関東の雄・北条家の持ち城の一つであり、元を正せば太田道灌が築城した城だった。築城に着手したのは長禄元年（一四五七）のことだが、当時関東は享徳の乱と呼ばれた騒乱状態にあった。時代は応仁・文明の乱の少し前にあたる室町時代後期である。

室町幕府は鎌倉に関東府を置き、関東の統治を委任していた。関東府のトップは関東公方と称された足利将軍家一族の成氏だったが、その下で政務を総括した関東管領上杉憲忠と対立し、享徳三年（一四五四）に憲忠を殺害してしまう。

上杉家と交戦状態に入った足利成氏は鎌倉から下総国古河に本拠を移し、古河公方

日枝神社

と呼ばれるようになり、鎌倉を本拠とする上杉家との長い戦いに入った。この戦乱が享徳の乱である。

上杉家は古河公方の成氏に備えるため、武蔵国の川越と岩槻そして江戸に城を築き、防衛線とした。川越・岩槻城を築いたのが上杉家重臣の太田道真であり、江戸城を築いたのがその子道灌だった。

内陸部の川越や岩槻とは異なり、江戸は海（江戸湾）のすぐ近くにあり、湊から船で諸国と往復できた。周囲には山もなく、四方を広く見渡せるメリットもあった。

大田道灌が築城した時の江戸城は徳川家時代の江戸城よりもかなり小さく、現在の本丸の区域に本丸・二の丸・三の丸が築かれていた。つまり、家康が江戸城に入城すると、道灌が築いた本丸・二の丸・三の丸をまとめる形で本丸とし、さらに城郭が拡張されたわけである。

道灌は築城に際し、川越に鎮座していた山王社を勧請する。築城から約二十年後の文明十年（一四七八）のことだが、ここに山王社は江戸城の鎮守として位置付けられた。川越の山王社つまり日枝神社は、徳川家とのゆかりも深い喜多院の山門近くに現在も鎮座している。

その後、道灌は江戸城を拠点として各地を転戦し、関東の戦乱を収束させた。しかし、文明十八年（一四八六）に主君上杉定正のため、相模国糟屋（現神奈川県相模原市）で非業の死を遂げる。

道灌の死により、関東は再び戦乱状態に陥る。関東も本格的な戦国時代に突入するのである。

⛩徳川将軍家の産土神となる

道灌の謀殺を契機に江戸城は上杉定正の支配下に入るが、やがて小田原城を本拠とする北条家が相模から武蔵へと版図を拡大させていく。北条家が武蔵攻略の最重要拠点と位置付けていたのが、道灌が築城した江戸城だった。時の北条家の当主は、伊勢宗瑞（北条早雲）の嫡男北条氏綱である。

大永四年（一五二四）、氏綱は江戸城を上杉家から奪取する。北条家は江戸城を前線基地として、川越城や岩槻城なども次々と攻略し、武蔵を平定した。その子氏康は北条家の版図をさらに広げ、関東の太守としての地位を確立させる。

しかし、戦国大名北条家による関東支配も天下統一を目指す豊臣秀吉の前に終焉の時を迎える。天正十八年（一五九〇）のことである。北条氏は改易となり、その旧領には徳川家康が封ぜられた。

太田道灌により築かれた江戸城は、北条家の時代は支城の一つに過ぎなかったが、新たに関東の太守となった家康の居城となることで、関東の中心が小田原から江戸へと移る。その後家康が天下人となって幕府を開くことで、江戸は日本の中心となった。

家康は江戸城を関東支配の要とするため、拡張工事に着手する。二の丸や三の丸を合わせる形で本丸の規模を拡大させたが、その際、江戸城の鎮守だった山王社（山王権現）を徳川家の産土神として位置付けている。

そして慶長九年（一六〇四）に、三代将軍となる家光が江戸城で生まれた。生まれながらの将軍家光にとり、山王権現はまさしく産土神となったわけである。

徳川将軍家の産土神となった山王権現には、家康から神領として五石が寄進されていた。秀忠の代になると百石に増やされるが、その子家光は一躍六百石もの神領を寄進する。これは産土神である山王権現への信仰の証に他ならない。なお、将軍の朱印が捺された朱印状という形で所領は寄進されたが、歴代将軍が発給した一連の朱印状は現在も日枝神社に収蔵されている。

家光誕生後、城内に鎮座していた山王社は江戸城の拡張工事に伴い、城外に遷座することになった。城内の紅葉山から半蔵門外に遷ったが、明暦三年（一六五七）に起きた明暦の大火で社殿が焼失したのを契機に、現在地へ遷座される。近くには、外堀の役割も担っていた巨大な溜池があった。

江戸城の鎮守そして徳川将軍家の産土神である山王権現の社殿となれば、当然ながら幕府自ら造営することになる。万治二年（一六五九）に造営された権現造の社殿は江戸初期権現造の代表的な建物として、明治に入ると国宝に指定される。しかし、昭和二十年（一九四五）五月に戦禍に遭い、末社の山王稲荷神社を残して烏有に帰してしまう。

⛩将軍からの奉納太刀

産土神であるがゆえに、山王権現は徳川将軍家と最もゆかりのある神社として、歴代将軍から厚く崇敬された。将軍の世継ぎや将軍の子女が参詣する神社としても位置付けられたことで毎年正月と六月に代参が行われたが、それだけではない。

朝廷より将軍宣下を受けた時は、将軍自らがその奉告のため参拝し、太刀を奉納している。あるいは将軍の子供の初宮詣などの際にも、同じく太刀が奉納された。現在、日枝神社には将軍などから奉納された太刀が三十一口あり、一口は国宝、十四口は重要文化財に指定されている。

将軍宣下を受けた際に太刀を奉納した事例としては、十代家治の事例がある。宝暦十年（一七六〇）九月二日、家治は父で九代家重の隠退を受け、京都から下向してきた勅使から江戸城で将軍の宣下を受ける。

翌十月六日、家治は将軍宣下を奉告するため山王権現に参拝したが、その折に「師景」の銘がある太刀を奉納した。師景は備前長船派の刀工で、家治が奉納した太刀は南北朝の時代に製作されたものという。

将軍の子供の初宮参りの際に太刀が奉納された事例としては、五代綱吉の例がある。正保三年（一六四六）正月八日、綱吉は三代家光の四男として江戸城内で生まれた。幼名を徳松といったが、その年の六月六日に初宮参りをしている。

この時に、「則宗」の銘がある太刀が奉納された。則宗は鎌倉初期の刀工で、福岡一文字派の祖である。元気に成長することを願っての奉納だった。

綱吉は将軍宣下を受けた翌年にあたる延宝九年（一六八一）六月十五日にも、山王権現に太刀を奉納している。その日は、山王祭の祭礼日であった。綱吉については、「紅梅図」など自筆の絵二点も山王権現に伝わっている。

これら将軍ゆかりの宝物の数々は、昭和五十三年（一九七八）に執り行われた江戸城内御鎮座五百年大祭の記念事業として造営された宝物殿に収められている。

徳川将軍家の産土神であるため神社のなかでは徳川家からは最も崇敬されたが、山王権現は江戸城の鎮守であるだけでなく、江戸郷の総氏神、江戸の産神としての顔も持っていた。そのため、徳川家だけでなく江戸っ子からも厚く敬われた。

こうして、山王祭は神田祭とともに江戸っ子の祭礼の代表格となり、幕府からも天下祭として位置付けられるに至る。日枝神社の宝物館には奉納太刀に加えて、山王祭の様子を描いた錦絵や山車の上に設けられた人形なども保存されている。

⛩江戸城と歩んだ歴史

江戸城の歴史を辿ることで、幕府が数ある神社のなかで山王権現を最も敬った理由が見えてくる。何よりも、太田道灌によって川越の山王社が城内に勧請されて江戸城の鎮守となったことがそのはじまりである。そして、徳川将軍家の産土神として位置付けられたことが決定的だった。

徳川の世が終わって明治に入ると、山王権現は日枝神社が通称となった。その近くにあった、江戸城外堀の役割も兼ねていた巨大な溜池も埋め立てられ、その面影は失われた。

しかし、地下鉄の駅名・溜池山王は、かつて江戸城の鎮守にして徳川将軍家の産土神だった山王権現が溜池近くに鎮座していたことを今なお伝えている。日枝神社は太田道灌が築城して以来の江戸城の歴史を見つめていた神社なのである。

参考文献
『日枝神社史』日枝神社御鎮座五百年奉賛会、一九七九年。

明《めい》治《じ》神《じん》宮《ぐう》

なぜ渋沢栄一は東京に明治天皇を祀ろうとしたのか

⛩ 明治天皇の崩御

明治四十五年（一九一二）七月二十九日午後十時四十分頃、明治天皇は崩御した。

しかし、公表された崩御の時刻は、それよりも二時間ほど遅い翌三十日午前零時四十三分であった。実際の時刻のままであると、二十九日中に皇太子が践祚の儀式を執り行うのが無理であったこ

所在地	東京都渋谷区代々木神園町1-1
主祭神（本殿）	明治天皇（めいじてんのう）・昭憲皇太后（しょうけんこうたいごう）
創　建	大正9年（1920）

とから、崩御の時刻をずらして翌日にしたのである。明治天皇の崩御を受け、すぐさま皇太子が践祚する。元号も明治から大正へ改元となり、この日より大正天皇の時代がはじまる。明治時代は終わった。

大喪の後、天皇は京都の伏見桃山陵に葬られたが、東京では天皇を祭神とする神宮を建設しようという運動が起きていた。そして、明治神宮が代々木の地に創建される運びとなるが、そこで大きな役割を果たしたのが渋沢栄一だったことはあまり知られていないだろう。

明治神宮の歴史を辿ると、実業家のイメージが強い渋沢の別の顔が浮かびあがってくる。

⛩天皇陵の東京誘致

明治天皇が崩御した七月三十日、時の東京市長阪谷芳郎は臨時市会を招集した。東京市は十五区から構成され、かつての江戸御府内と称された区域にほぼ該当する。現在の東京二十三区の母体となった行政単位だった。

市会に出席した阪谷は弔意を表した後、皇居に参内して次のことを宮内次官河村金五郎に申し上げたと報告している。

天皇の遺言や止むを得ない規定により、陵墓が東京以外の地に置かれるのならば致し方ないが、そうでなければ東京の地を選定して欲しい。

ここで言うと東京には、東京市のほか東京府も含まれる。東京府とは東京市の外側に拡がる郡部であり、豊多摩郡、北豊島郡、北多摩郡、西多摩郡、南多摩郡、荏原郡、南足立郡、南葛飾郡の諸郡から構成された。

八月一日には、阪谷市長のほか、東京商業会議所会頭の中野武営、副会頭で衆議院議員の星野錫、日本郵船会社社長の近藤廉平、三井財閥の幹部早川千吉郎、日本橋区会議長の柿沼谷蔵、そして渋沢栄一が商業会議所に集まり、陵墓の件を協議した。東京の政財界を代表する人物たちが陵墓の東京誘致運動の主体だった。

既に阪谷は政府の実力者のもとを訪れ、陳情を開始していた。宮内省はもとより、首相西園寺公望、内務大臣原敬、元老の山県有朋、松方正義、井上馨たちのもとも訪ねている。

渋沢も同じく元老たちに陳情したが、実は次女の琴子が阪谷の妻であった。当時渋沢と阪谷は連日面談しており、岳父の渋沢の意向も受け、阪谷が陳情に出向いたことは明らかである。

渋沢は財界の大物であるだけでなく、政府にも太いパイプを持っていた。大蔵省の高級官僚だった時代、伊藤博文や井上馨たちとは同僚であり仲も良かった。立憲政友会の結成にも深く関わったことから政友会とも太いパイプを持つ。時の内閣は政友会総裁の西園寺が組織する政友会内閣であった。

こうした渋沢たちの動きに触発される形で、東京市のうち小石川区や東京市選出の衆議院議員も動きはじめたが、渋沢たちの運動は挫折を余儀なくされる。八月一日、宮内次官の河村が陵墓は京都府の旧桃山城址で既に内定していることを公表したからだ。

九月十三日に、後に神宮外苑となる青山練兵場で大喪の礼が執り行われた。伏見桃山陵に埋葬されたのは翌十四日のことである。

⛩明治神宮の東京誘致を主導した渋沢栄一

陵墓誘致運動が頓挫に追い込まれた阪谷（渋沢）たちは、今度は明治天皇の遺徳を記念する施設として天皇を祀る神社を東京に創建する運動を開始する。新聞紙上でも活発なキャンペーンが開始された。なぜ渋沢をはじめ経済界は誘致に熱心だったのか。

一つには、明治天皇の崩御により東京の経済が不況に陥っていたことが挙げられる。実際、阪谷は原内相のもとを訪れて陵墓の件を陳情した際に経済不況への対応を陳情し、中野も警視総監の安楽兼道に同様のことを申し出ていた。東京の経済活性化への期待があったことは否めない。

八月九日、東京での創建を目指す各団体の連合協議会が東京商業会議所で開催された。座長に選ばれた渋沢のほか市長の阪谷、会頭の中野、日本郵船社長の近藤、区会議長、そして市選出衆議院議員、府会議員から委員が各一名選ばれ、計七名から成る委員会が結成される。早くも十四日に、渋沢を座長とする委員会は具体案である『覚書』を作成するが、取りまとめに当たったのは阪谷市長と中野会頭だった。背後に渋沢がいたのは言うまでもない。

二十日に開かれた連合協議会で『覚書』は異議なく可決されたが、その内容は以下のとおりである。

神宮は内苑と外苑から構成される。内苑は国費で国が、外苑は献費により奉賛会が造営する。内苑は代々木御料地、外苑は青山練兵場を最適とする。外苑には記念宮殿、陳列館、林泉などを建設する。

この線で明治神宮は創建されるが、その場所として代々木御料地と青山練兵場が選ばれた理由とは何か。御料地は皇室、練兵場は陸軍の所有地であるから買収の必要もないというメリットもあったが、それだけが理由ではない。

明治天皇崩御の約半年前にあたる明治四十五年三月、時の西園寺内閣は財政難を理由に五年後に計画していた日本大博覧会の開催を中止する。その会場に予定されていたのが代々木御料地と青山練兵場だった。要するに、空いた格好の土地に明治神宮を創建しようという狙いがあった。

ただし、渋沢たちが策定した『覚書』では陸軍戸山学校敷地など東京の他の場所も候補地として掲げられていた。この頃になると東京以外の場所への誘致運動も広がっており、まだまだ予断を許さない状況だった。神奈川・埼玉・千葉・茨城・静岡県の町や村が明治天皇を祀る神社の鎮座地として名乗りを挙げたからである。

⛩社名は明治神宮

渋沢や阪谷が主導する連合協議会は天皇の大喪を待って、『覚書』を政府に手を渡す心積もりだった。原内相も議会から建議があれば調査委員会を設けて対応する考えであったが、ここで支障が生じる。

財政難を理由に、二個師団の増設が閣議で認められなかったことに反発した陸軍が倒閣運動を起こした結果、十二月二日に西園寺内閣が倒れてしまう。その後、陸軍・長州閥の大物桂太郎が後継首相となるが、桂内閣も激しい倒閣運動に晒され、翌大正二年（一九一三）二月十日には総辞職に追い込まれた。歴史教科書でも取り上げられる大正政変である。

その後、海軍・薩摩閥の大物山本権兵衛が政友会の支持を受けて内閣を組織した。内務大臣となったのは再び原敬だった。

一連の政治的混乱のため創建運動は頓挫したが、議会が開かれると、再び運動が活発となる。衆議院や貴族院から建議や請願が出されたのを受ける形で、明治天皇奉祀の神宮創設が閣議決定された。大正天皇の裁可も下りた。十一月二十二日のことである。

翌十二月には神社奉祀調査会が発足し、神宮創建の調査が開始された。会長は原内相が勤め、委員には各界の大物が名を連ねたが、経済界を代表する形で委員に任命されたのが渋沢だった。これにより、渋沢たちが策定した『覚書』が現実のものとなっていく。

三年（一九一四）一月十五日の第二回調査会で、社格は官幣大社、称号は神宮、鎮座地は東京府下と内定する。官幣大社とは、宮内省から幣帛が供進される官幣社では最上級の社格を持つ神社であった。そして、東京を鎮座地に選んだ理由としては、明治天皇が宮城を置いて、その盛徳なる偉業を樹立した地であることが挙げられていた。

その後実地を視察した上で、二月十五日の第四回調査会で代々木御料地が鎮座地と決定する。当時の住所は、東京府豊多摩郡代々幡村大字代々木であった。

そして、調査会内に専門家による特別委員会が設けられ、具体的な検討に入る。委員長は阪谷市長が勤めた。その間に、皇后だった昭憲皇太后が崩御したため、合祀されることになる。

特別委員会では社名も議論された。東京神宮、代々木神宮の案も出されたが、明治神宮と決まる。四年（一九一五）五月一日、内務省告示により明治神宮の創建が発表された。

⛩ 実業家渋沢栄一の政治力

その後、明治神宮の造営を担当する部局が内務省に設けられる。内苑を担当した明治神宮造営局である。国民からの寄付で造営される外苑は民間で結成された明治神宮奉賛会が担当したが、具体的な造営事業は造営局に委託している。

大正九年（一九二〇）十一月一日に鎮座祭が挙行され、明治神宮はお披露目となる。外苑の整備事業はその後も続くが、その中核は明治天皇の事歴を絵画で再現する聖徳記念絵画館の建設であった。すべての絵画が揃ったのは竣工後の昭和十一年（一九三六）のことである。

初詣の人出でNo.１を誇る明治神宮創建の歴史を辿っていくと、必ずしも鎮座地が東京ありきではなかったことが分かる。そこで鍵を握ったのが東京の経済界、なかでも渋沢の政治力だった。現在地に明治神宮が創建される大きな理由ともなる。東京の経済活性化という意図も秘められた創建運動からは、実業家渋沢栄一の意外な顔が透けてくる。

参考文献

山口輝臣『明治神宮の出現』吉川弘文館、二〇〇五年。

三《み》囲《めぐり》稲《いな》荷《り》

なぜ三越本店に三囲稲荷が祀られているのか

⛩三井家のお稲荷様

東京の三越百貨店日本橋本店の屋上には、お稲荷さんが祀られている。その名は「三囲稲荷」。現在は三囲神社という名称で呼ばれる。屋上に三囲稲荷が祀られるのは、何も日本橋本店だけではない。銀座店の屋上にも祀られており、三越と三囲稲荷の深いゆかりが窺えるが、三囲稲荷を守り神としているのは三越だけではなかった。

所在地	東京都墨田区向島2-5-17
主祭神（本殿）	宇迦之御魂命（うがのみたまのみこと）
創　建	不詳

三井グループ各社の守護社でもあった。各社総務部により結成された三囲会は、年に三回（一・五・十月）の祭典、そして四月には大祭を催し、代表が一堂に会するという。

なぜ、三井家は三囲稲荷を守護社として厚く信仰するようになったのか。その理由を江戸時代にさかのぼって探っていこう。

⛩三井家の守護社となる

三越百貨店の前身は、呉服を商う江戸の豪商越後屋である。三井家中興の祖・三井高利は「現金掛け値なし」という商法（正札販売）を展開して巨利を挙げ、江戸の豪商としての礎を築く。

高利の孫に高房という人物がいるが、高房の代より三囲稲荷への信仰がはじまる。三井家の使用人だった神服宗夷という神官の夢のお告げに従い、高房は三囲稲荷を三井家（越後屋）の守護社に選んだ。享保十二年（一七二七）のことという。

三囲稲荷は、現在も隅田川沿いの墨田区向島の地に鎮座する稲荷である。江戸の頃より、隅田川七福神の一つとしても人気があった。

三囲稲荷の別当職を勤める延命寺の住職は、宗夷とは親戚関係にあった。そんな人間関係が契機となり、高房つまり三井家は三囲稲荷を篤く信仰するようになったわけだ。

数多くの稲荷のなかで三囲稲荷が選ばれた理由としては、三囲という名称も大きかった。囲という字が（三）井を守ると読めるからだ。三井家が店を構えた日本橋からみて、三囲稲荷が鎮座する向島が鬼門（北東）の方角に位置することも理由として挙げられている。

三井家の守護社に選ばれたことで、三囲稲荷の名前は江戸で広く知れ渡ることになる。そのブランド力の恩恵を大いに受けた。

当時、三井家は江戸での事業が最高潮に達する。寛延三年（一七五〇）には三囲稲荷のため絵馬堂を建立しているが、その御礼だったことは言うまでもない。

となれば、三井家が財をなしたのは、三囲稲荷の霊験の賜物という評判が江戸で立つのは当然の成り行きである。それにあやかりたいと、商売の神様としての人気はいやが上にも高まり、三囲稲荷には参詣客が押し寄せるようになる。まさに、三井家様々だった。

風向明媚な向島に鎮座している神社であることも、参詣者増加の追い風となる。もともと、向島は江戸っ子の行楽地として人気があった。こうして、三囲稲荷は江戸でも人気の神社としてたいへん賑わう。

⛩スポンサーに左右される開帳

三井家から商売繁盛の神様として篤く敬われた三囲稲荷は開帳を執り行う際、三井家から強力なバックアップを受けている。

開帳とは、普段は公開しない神仏を期間限定で公開する宗教的行事である。百万都市江戸で開帳するとマーケットの巨大さゆえに、短期間で相当の収益が期待できた。要するに参詣者が押し寄せるからだ。ただし、江戸で開帳する場合は寺社奉行の許可が要件だった。

三囲稲荷の場合、三井家の守護社となった享保期以降では宝暦二年（一七五二）の開帳が最初である。この時、三井家では江戸店のみならず京都本店や大坂店、三井家出入りの商人にまで寄進を依頼する。開帳に要する初期経費に充てられたのだろう。

三井家の守護神として商売繁盛をもたらしたことへの御礼として、開帳をバックアップしたのだ。三囲稲荷にとり、三井家がスポンサーに付いたことは実に大きかった。

しかし、三井家も商人である以上、無条件にバックアップしたのではない。宝暦二年の開帳は江戸で大評判となり、賽銭も三井家各店からの寄進も相当の額が集まったが、収支は大赤字であり、穴埋めを余儀なくされる。主催者の三囲稲荷側の経理がルーズだったようだ。そのため、三井家は開帳には一転消極的になる。

三囲稲荷としては、それから三十三年後にあたる天明四年（一七八四）に開帳することを望んでいた。開帳となれば境内に参詣者が押し寄せ、相当の臨時収入が期待できる。地元の向島地域もその経済効果に浴することができる。

開帳は三十三年おきに実施されるのが通例であり、寺社奉行からの許可も得られると踏んだが、多額の持ち出しを強いられたスポンサーの三井家は開帳に同意せず、実現をみなかった。資金面での三井家の援助がない限り、開帳はできない。収益は期待できたが、準備に要する費用も相当なものだったことが分かる。

しかし、三井家が開帳を差し止めているように世間つまり江戸っ子たちに受け取られるのも、企業イメージにはマイナスだった。三井家が三囲稲荷を篤く信仰していることは知られており、「越後屋之稲荷様」とまで呼ばれていた。三井家のお稲荷様として知れ渡っていたのだ。

よって、いつまでも開帳の願書を差し止めさせていると、三囲稲荷への信仰心自体が疑われ兼ねない。三井家のイメージも悪くなる。

そのような懸念も相まって、三井家は重い腰を上げて開帳への協力を決める。ただし、次のような約束を三囲稲荷と交わしている。

収益が出れば、お宮の積金つまり堂社の修復費として三井家に預けると約束させる。三囲稲荷だけの意思で使えないようにしたのだ。いつの時代も、スポンサーの力は強い。万一赤字となった場合は、三井家に穴埋めを願わないとも約束させた。

こうして、十五年後の寛政十一年（一七九九）に漸く開帳が執り行われることになった。

⛩ 開帳場の賑わい

今回の開帳でも、三井家は全店を上げてバックアップしている。各店からの寄付金も順調に集まり、三囲稲荷は開帳の初日を無事に迎えた。地元の期待通り、境内や周辺はたいへんな賑わいとなる。

開帳場には信徒や商人からの奉納物が所狭しと陳列されたが、とりわけ目を惹いたのが、日本橋の豪商白木屋の奉納物だった。白木屋は越後屋（三井家）と並び称されるほどの呉服商であり、三井家にとってライバルに他ならないが、奉納したビロードの牛の造り物が大評判を取る。それを目当てに、参詣者が大勢押し寄せた。

開帳の際、商人が金品を寄進する事例は結構多い。奉納・寄進に名を借りて、人が自然と集まる開帳場（寺社境内）で、自分の店を宣伝しようと目論んだのである。奉納（寄進）者として店の名前が書かれた札が立てられるのが通例だが、そうした事情は今も変わらない。

スポンサーの三井家も負けてはいない。米二〇〇俵、金三〇両、銭五〇貫文を奉納している。開帳場には店の者を派遣し、警備などに当たらせた。三井家にとっても、自分の店を江戸っ子にアピールする機会であった。

賑わったのは境内だけではない。もともと、向島に鎮座する三囲稲荷は、隅田川沿いの風光明媚な観光名所としても賑わっていたが、この時には開帳記念の提灯が向島一帯に数千も立ち並び、あたかも祭礼場の様相を呈する。

三囲稲荷の参詣者を相手にした既存の料理茶屋のほか、押し寄せる参詣者に目を付けた地元の農民たちも俄かに飲食店を開く。開帳期間中、三囲稲荷界隈はまさに歓楽街に変じる。向島も開帳の経済効果を大いに受けた。

そうした事情は、三囲稲荷とは隅田川を挟んで向い側に当たる浅草も同じだった。三囲稲荷に参詣者が押し寄せたことで、浅草寺への参詣者も増えたからである。

開帳を通じて、三囲稲荷が三井家の守護社であることが改めて知れ渡っていく。三井家にとっても三囲稲荷への信仰心を改めて強く認識する機会となった。

その後も三井家は支援を惜しまなかった。千両にも及ぶ多額の借財を立て替えたこともあった。それだけ、三囲稲荷を守護社として期待していた。商売繁盛の祈りを込めて、支援したのだ。

三井家から物心両面での支援を受けることで、三囲稲荷は経営を立て直すことができたのである。

⛩三越商標の知られざる由来

明治に入っても、引き続き三囲稲荷は三井家から手厚い支援を受ける。幕末から明治維新への激動期には多くの社宝が散逸してしまうが、三井家はその多くを取り戻す。買い戻したのだ。

大正三年（一九一四）には三越日本橋本店へ三囲稲荷を勧請し、その信仰心を示したが、昭和三年（一九二八）には三越は株式会社三越となる。それまで三越の商標は三に井桁だったが、この時新しいシンボルがデザインされる。

現在まで続く「丸越」のデザインが登場したが、新デザイン作成にあたって参考にされたのが、かつて三井家が三囲稲荷に奉納した茶釜の台石に彫り込まれた丸越の形なのである。三囲稲荷への信仰心を商標に込めたのだ。現在も境内にある。

今も境内を歩いてみれば、石造物の奉納者として「三井」の名前がここかしこにあることに気付く。境内の奥には、三角石鳥居という珍しい鳥居も立っている。三井家屋敷の庭にあったものが移されたらしい。
三囲稲荷の境内には、江戸以来の三井家との深いつながりを伝える歴史が今も残されている。

参考文献
『墨田区古文書集成(II)―三囲神社関係文書―』墨田区教育委員会。
若杉温「商業神としての稲荷信仰の成立と展開」『朱』第四十九号。

乃《の》木《ぎ》神《じん》社《じゃ》・東《とう》郷《ごう》神《じん》社《じゃ》

なぜ乃木希典や
東郷平八郎が祀られたのか

⛩ 軍神の登場

軍神には二つの用法がある。武運を守る神を指す用法と、すぐれた武勲をたてて戦死した軍人を指す用法だ。武運を守る神を祀っている神社としては鹿島神宮や香取神宮などが挙げられるが、後者については戦死せずとも軍神として祀られ、神社が創建さ

乃木神社

所在地	東京都港区赤坂8-11-27
主祭神（本殿）	乃木希典（のぎまれすけ）
創　建	大正12年（1923）

東郷神社

所在地	東京都渋谷区神宮前1-5-3
主祭神（本殿）	東郷平八郎（とうごうへいはちろう）
創　建	昭和15年（1940）

れた事例もみられる。

乃木希典を祭神とする乃木神社と東郷平八郎を祭神とする東郷神社だ。二人に共通するのは、日露戦争を通じて軍神として敬われるようになったことである。日露戦争後の乃木と東郷の足跡を辿ることで、二人が軍神として神格化された背景を解き明かす。

⛩日露戦争と軍神の登場

明治三十七年(一九〇四)二月八日に勃発した日露戦争は強国ロシアとの戦争であり、開戦前より苦戦が予想されていた。よって、日本は朝鮮半島や遼東半島に駐屯していたロシア陸海軍を速やかに駆逐し、優勢の状態を維持したまま、アメリカの仲介により講和に持ち込むことを目指す。

これにより、朝鮮半島における日本の覇権をロシアに認めさせようとした。日本がロシアとの戦争に踏み切った理由である。

戦争は、日本海の制海権をめぐる海戦からはじまる。

当時、ロシアはウラジオストックの軍港のほか、清から租借していた旅順の港を極東艦隊の根拠地にしていた。日本としてはロシア極東艦隊を封じ込めない限り、陸軍の将兵を朝鮮半島や遼東半島に送り込むことはできなかった。

ちょうど、開戦時期は冬場にあたっていた。ウラジオストックの軍港は不凍港ではなかったものの、航海には不適切な季節だった。よって、日本海軍は旅順港を根拠地とする艦隊に攻撃を絞る。

当時、連合艦隊を指揮していたのは薩摩藩出身の司令長官東郷平八郎である。東郷は駆逐艦や水雷艇をもって旅順港のロシア艦隊に奇襲をかけるとともに、朝鮮の仁川港に寄港していたロシア軍艦を攻撃した。

仁川港のロシア軍艦二隻は戦闘不能の状態に追い込んだものの、艦隊の主力がいた旅順港への奇襲はさほどの戦果をあげなかった。そうしたなか、二七〇メートルほどしかなかった旅順港の狭い入口を塞ぐことで、物理的に艦隊が出撃できないようにする閉塞作戦が決まる。旅順港の入り口で老朽船を数隻並べ、自沈させてしまおうというわけだ。

閉塞作戦は三度にわたって敢行されたが、旅順港の砲台から猛烈な砲火を浴びせられたことで、事実上失敗に終わる。多くの死傷者を出す結果となったが、三月二十七日の未明に決行された第二次閉塞作戦では、閉塞船の福井丸を指揮していた海軍少佐の広瀬武夫が戦死する。

戦死が明らかになると、日本海軍は広瀬を中佐に昇進させるとともに、軍神と呼んで功績を讃えた。後に東京の万世橋駅前などに銅像が建立され、出身地の大分県竹田市には広瀬を祭神とする広瀬神社も創建された。

その後、将兵を朝鮮・遼東半島に上陸させた陸軍でも、同年八月三十一日に遼陽近くの首山堡で戦死した陸軍少佐橘周太を軍神として讃えた。橘は後に大正天皇となる皇太子付武官を勤めていたことがあったが、戦死した日は大正天皇の誕生日にあたっていた。

橘も広瀬と同じく、戦死後に中佐へ昇進する。後に銅像が建立され、橘を祭神とする橘神社も創建された。

⛩乃木希典夫妻の殉死と乃木神社の創建

広瀬中佐たちの戦死にも拘らず、閉塞作戦は失敗する。結局のところ、海軍独力では旅順港の艦隊を撃滅できなかった。そのため、陸からの攻撃で旅順港及び要塞の奪取と艦隊の撃滅が目指される。旅順攻撃にあたったのは長州藩出身の乃木希典であった。

しかし、旅順要塞の攻撃は極度の難戦を強いられる。乃木に対する批判も沸き起こるが、翌三十八年（一九〇五）一月二日、多大な犠牲を出しながらも旅順要塞を陥落させる。既にロシア艦隊は陸軍の砲撃に晒されていたこともあり、壊滅状態にあった。三月十日には、ロシア陸軍の司令部が置かれていた奉天を陸軍が占領する。奉天会戦に勝利した日は、陸軍記念日とされた。五月二十七日には、東郷率いる連合艦隊がロシア本国からやって来たバルチック艦隊を壊滅させる。この日本海海戦に勝利した日は、海軍記念日となった。

連合艦隊がバルチック艦隊を壊滅させたことを潮時と判断したアメリカのルーズベルト大統領は、両国に講和を促す。九月五日、アメリカのポーツマスで講和条約が締結され、日露戦争は終わる。日本はロシアに対して、朝鮮半島における覇権を認めさせることに成功した。

戦後、乃木や東郷は日本に勝利をもたらした名将と喧伝されるが、乃木は大勢の将兵を旅順で失ってしまったことに強い責任を感じていた。皇居に参内した際には死をもって償いたいと奏上するが、明治天皇に止められる。どうしてもというのであるならば自分の死後にせよと諭されたという。

明治四十五年（一九一二）七月二十九日夜、明治天皇は崩御した（公的には翌三十日）。九月十三日に青山練兵場で大喪の礼が執り行われたが、その日の夜、乃木は赤坂の自邸で自決する。妻の静子も後に続いた。

乃木夫妻の殉死は社会に大きな衝撃に与える。時の東京市長阪谷芳郎は中央乃木会を組織し、乃木邸内の小社に夫妻の霊を祀った。毎年、祥月命日の九月十三日に祭儀が執り行われたが、やがて乃木を祭神とする神社の創建運動もはじまる。

乃木邸に隣接する場所に乃木神社が創建されたのは、大正十二年（一九二三）十一月一日のことであった。

⛩東郷の神格化

乃木神社が創建された頃、既に東郷は元帥府に列せられていた。元帥府とは、陸海軍大将のうち特に功労のあった者で組織された天皇の最高軍事諮問機関のことである。日本海海戦に勝利して世界的にその名が知られたことで、日本海軍の方針にも大きな影響力を及ぼすほどの存在になっていた。

東郷が元帥となったのは大正二年（一九一三）だが、翌三年（一九一四）には東宮学問所総裁に任命される。東宮つまり後の昭和天皇の教育掛となるが、同所で幹事を勤めたのが東郷の側近として語り部としての役割を果たしていく小笠原長生である。日露戦争時には軍令部参謀を勤めたが、幕末史にも登場する老中格小笠原長行の長男でもあった。

時代が昭和に入ると、日露戦争がブームとなる。昭和初期とは中国における権益を守るため大陸進出を強めた頃であり、昭和二年（一九二七）からは三度にわたる山東出兵が実行された。同六年（一九三一）には満州事変も起きた。七年（一九三二）には満州国も誕生する。

東郷神社

ちょうど、日露戦争二十五周年、三十周年の記念事業が展開された時期にもあたっていた。記念事業を追い風として、日露戦争をテーマとする展示、新聞紙上の座談会や特集、雑誌の特集号、記念出版は一様に人気を博す。

当時戦場で活躍した軍人たちも、各地の軍隊や在郷軍人会が主催する講演会で引っ張りだことなる。講演会では、戦闘の様子や日本軍の勇敢な戦いぶりを熱く語った。

小笠原が文才を発揮した『東郷詳伝』『大海戦秘史』『撃滅』などの売れ行きも非常に良かった。日露戦争ブームを背景に東郷の伝記が広く読まれることで、東郷への関心はいやが上にも高まる。

昭和四年（一九二九）の五月二十七日の海軍記念日には、日比谷公園に三万人近い児童が集まり、「少年東郷会」が発足する。発会式に出席した東郷は子供たちから「東郷元帥万歳」の斉唱を受けた。この頃から、毎年五月二十七日に近くの小学生たちが東郷邸を訪問し、玄関先に出てきた東郷に対して「東郷元帥万歳」を三唱するのが恒例となる。

こうして、日本海海戦で歴史的な勝利を得た東郷への畏敬の念が社会で膨らんでいく。東郷の言動が大きな関心を呼んだ結果、東郷を神格化する流れが生まれた。

日露戦争三十周年記念事業が全国各地で執り行われていた最中の昭和九年（一九三四）五月三十日、東郷は八十七年の生涯を終える。日露戦争ブームも追い風となり、昭和に入ると神格化が強まっていた東郷に対して、政府は国葬をもって遇した。

そして、東郷の死去直後より、東郷を祭神とする神社建立の請願が全国から政府に寄せられていく。その数は百数十にも達した。いかに、東郷が神格化されていたかがよく分かる現象だった。

⛩東郷神社の創建

神社創建の主体となったのは財団法人東郷元帥記念会であり、全国に向けて浄財を募った。そして、明治神宮にも近い元鳥取藩主の池田侯爵邸が鎮座地に選ばれる。昭和十五年（一九四〇）五月二十七日、鎮座祭が執り行われ、東郷神社が創建となる。ちょうど皇紀二六〇〇年という記念の年にもあたっていた。

ここに、乃木に続けて東郷の神格化も完成したのである。

参考文献
田中宏巳『東郷平八郎』吉川弘文館、二〇一三年。

鶴《つるが》岡《おか》八《はち》幡《まん》宮《ぐう》

なぜ源実朝は暗殺されたのか

古都鎌倉の意外な顔

鎌倉というと、現在では平和な観光地としての印象が強い。鶴岡八幡宮、大仏のある長谷寺、鎌倉五山など名立たる社寺の門前町、京都や奈良と並ぶ古都の街というイメージだろう。

しかし、鎌倉は幕府という武家政権が最初に誕生した街でもあった。その後も合戦の舞台となり、政局の舞台として歴史に何度となく登場する。血なまぐさい事件も避けられず、鶴岡八幡宮で

所在地	神奈川県鎌倉市雪ノ下2-1-31
主祭神（本殿）	応神天皇（おうじんてんのう）・比売神（ひめがみ）・神功皇后（じんぐうこうごう）
創　建	康平6年（1063）

将軍源実朝が暗殺された事件などはその象徴だった。

鶴岡八幡宮を舞台に起きた様々な出来事を通して、古都鎌倉という現在のイメージとは違う鎌倉の顔を浮き彫りにしていこう。

⛩鶴岡八幡宮創建

鶴岡八幡宮は、康平六年（一〇六三）に源氏の棟梁だった源頼義が京都の石清水八幡宮を鎌倉に勧請したことにはじまる。時の天皇は後冷泉天皇である。

京都からみて南西（裏鬼門）の方角にあたる男山に創建された石清水八幡宮は、北東（鬼門）の方角にあたる比叡山に鎮座する延暦寺とともに、国家鎮護の神社として朝廷から厚く崇敬されていた。

清和天皇の流れを汲む源氏も、祭神の八幡大神を氏神として尊崇する。源義家などは石清水八幡宮で元服し、八幡太郎義家と名乗ったほどだ。源氏は全国各地に八幡大神を祀る神社を勧請していったが、その一つが鶴岡八幡宮なのである。

鶴岡八幡宮が鎮座する鎌倉は、源頼義以来源氏とのゆかりが生まれた。義朝の代には、鎌倉に館を設けて南関東に勢力を伸ばす。そんな由緒を踏まえ、子の頼朝は平家打倒を目指して挙兵した後、鎌倉に入った。治承四年（一一八〇）のことである。

以後、頼朝は鎌倉を本拠地として東国支配を固めていくが、最初に手を付けたのが頼義勧請の八幡宮を遷座させることだった。それまでは由比ガ浜近くに鎮座していたが、現在地に移し、社殿の整備が進められる。由比ガ浜から八幡宮に向けて走る若宮大路なども造成された。平家滅亡を受けて鎌倉に幕府が開かれると、八幡宮を含めた鎌倉の街の整備に拍車が掛かる。

幕府の御所は鶴岡八幡宮近くの大蔵（倉）に置かれた。俗に大蔵幕府という。頼朝から実朝まで三代にわたる源氏将軍の時代、実朝横死後の将軍不在の間、尼将軍として幕府を取り仕切った北条政子の時代が大蔵幕府の時代だ。嘉禄元年（一二二五）までの四十年ほどの期間であった。

翌二年（一二二六）、京都の藤原摂関家から迎えた九条頼経が四代将軍の座に就くが、それに先立ち、嘉禄元年より宇都（津）宮辻子に御所は移される（宇都宮辻子幕府）。しかし、嘉禎二年（一二三六）には若宮大路に移り（若宮大路幕府）、そのまま新田義貞による鎌倉攻めの時を迎える。

⛩実朝暗殺の謎

正治元年（一一九九）、初代将軍の源頼朝が死去する。頼朝の跡を継いだのは十八才になっていた長男頼家である。母は有力御家人北条時政の娘政子だ。

しかし、その権限は御家人たちから掣肘を加えられる。頼家は幕府に提起された訴訟を直接裁断できず、北条時政、比企能員、和田義盛たち有力御家人十三名による合議で決定されることになった。

将軍独裁から集団指導体制への移行だった。若年でもあり、幕府を支える有力御家人からは、能力を不安視されたのである。真偽は定かではないが、頼家は政務よりも狩猟や蹴鞠に明け暮れていたという。

そもそも、鎌倉幕府の将軍は江戸幕府の将軍とは違い、御家人たちにより信任され推戴される職のようなものだった。頼朝のようなカリスマ性がなければ、独立性の強い御家人たちを統率することなど到底できない。

さらに、将軍職に就いた翌建仁三年（一二〇三）春から、頼家は重い病に苦しむようになる。八月二十七日には危篤に陥ったため、幕府内では将軍職継承について評議が行われた。

北条時政主導のもと、日本の惣守護職と関東二十八カ国の地頭職を頼家長男の一幡、関西三十八カ国の地頭職を頼家の弟千幡に譲ることが決まる。将軍が朝廷から付与されていた守護・地頭の任免権が分割されたのだ。頼家からみると、自分が将軍の座から引きずりおろされ、長男と弟が次期将軍候補となった形である。

しかし、頼家の妻の父で一幡の祖父でもあった比企能員は強く反発する。能員から北条家打倒の指示を求められた頼家は許諾を与えるが、政子を通じて時政に漏れてしまう。

九月二日、時政は能員を自邸に招き謀殺する。時を移さず、一幡を擁する比企一族を滅ぼした。危篤から脱した頼家は比企一族の滅亡に激高し、時政の討伐をはかるが失敗する。その後、母政子の命により出家を余儀なくされた。

十日には、弟の千幡が将軍職を継承し、三代将軍実朝が誕生する。伊豆の修禅寺に幽閉された頼家は、北条氏が放ったとされる刺客のため殺害される。元久元年（一二〇四）七月十八日のことである。結果からみると、実朝が頼家から将軍の座を奪った格好だ。

以後、実朝の母政子と実家の北条家が執権職として幕府を主導するが、実朝にも魔の手が迫りつつあった。

建保七年（一二一九）一月二十七日、実朝の右大臣拝賀の儀式が鶴岡八幡宮で執り行われる。儀式を終えた実朝が石段を下りていったところ、大イチョウの陰から同宮別当を勤める公暁が飛び出してきた。公暁は頼家の忘れ形見であり、一幡の弟にあたっていた。

公暁は実朝に斬り掛かり、首級を討ち取る。その際、実朝に向かって親の仇と叫んだという。

叔父の実朝には跡継ぎがいなかった。兄の一幡もこの世にいない以上、実朝を討ち取れば自らが将軍になれると公暁は思ったはずだ。八幡宮内ならば実朝は駕籠の中の鳥のようなものであり、間違いなく討ち取れると踏んだのだろう。

だが、実朝は討ち取ったものの、すぐさま有力御家人の三浦義村により自分が討たれてしまう。その野望は潰えた。

ここに、頼朝の子や孫は死に絶えた。源氏将軍は三代で終ったのである。

⛩戦火に巻き込まれる鶴岡八幡

その後も、鎌倉は権力闘争が絶えなかった。ついに紅蓮の炎に包まれる時がやって来る。

元弘三年（一三三三）五月二十二日、新田義貞のため北条一門は自害して果て、約百五十年続いた鎌倉幕府は滅んだ。

後醍醐天皇による建武の新政がはじまるが、社会の動揺は収まらなかった。鎌倉も何度となく戦場となる。後醍醐天皇を奉じる南朝方と足利尊氏率いる北朝方が鎌倉をめぐって激しい争奪戦を繰り広げたからだ。

南北朝合一後も、鎌倉の政情は不安定だった。

尊氏は京都で幕府を開いたこともあり、別に関東にはミニ幕府とも言うべき鎌倉府を置いた。息子の基氏を鎌倉（関東）公方として派遣し、関東の統治を任せる。

尊氏の嫡男義詮とその子孫が将軍職を代々継承したのに対し、義詮の弟にあたる基氏とその子孫は鎌倉公方を継いだ。ところが、時が経つにつれて将軍と鎌倉公方の関係が険悪化していく。鎌倉公方が幕府から独立する傾向が顕著となり、統制が効かなくなるのだ。

ついには、将軍を打倒する動きまでみせはじめ、鎌倉が戦場となる。永享十年（一四三八）には永享の乱が起き、鎌倉をめぐる攻防戦が再現された。

その後も、鎌倉を震源地として政情不安定な状況が続く。そうした事情は戦国時代も同じであり、鶴岡八幡宮も戦火に巻き込まれる。

鎌倉公方の足利家に代り、鎌倉の主となったのは戦国大名北条家だった。北条早雲（伊勢宗瑞）の代に台頭し、相模国を平定した。鎌倉も支配下に置いたが、息子氏綱は武蔵国そして房総方面へ進出したため、安房の戦国大名里見家との合戦が時間の問題となる。

大永六年（一五二六）、数百隻もの軍船を仕立てた里見軍が北条軍の抵抗を退け、鎌倉への上陸に成功する。里見軍は北条軍を追って鎌倉の街に乱入するが、合戦となると出火は避けられない。乱戦のなか、鶴岡八幡宮は炎上してしまう。

永禄四年（一五六一）には、越後の戦国大名の長尾景虎が鶴岡八幡宮に赴いている。

この年、景虎は関東の過半を制覇しようとしていた北条氏康との戦いのため、大軍を率いて氏康の籠る小田原城へ向かった。鎌倉公方の下で関東管領として政務を執っていた上杉憲政の要請を受けたからだ。当時、憲政は氏康に追われて景虎のもとに逃げ込んでいた。

三月上旬、景虎は小田原城の包囲を開始したが、氏康は徹底した籠城戦で対抗する。さしもの景虎も小田原城の攻城を諦めざるを得なかった。

攻城を諦めた景虎は鶴岡八幡宮に向かい、その神前で関東管領に就任する。閏三月十六日のことである。憲政からは、自分の養子となり管領職を継いで欲しいと依頼を受けており、その懇望に応える形で管領の就任式を鶴岡八幡宮で執り行ったのだ。ここに、上杉謙信が誕生した。

この時は戦火に巻き込まれることはなかったが、戦国時代が終わるまで鎌倉は政治都市として何度も登場してくるのである。

⛩観光都市鎌倉の誕生

鎌倉が合戦の舞台でも政局の舞台でもなくなったのは、江戸時代に入ってからである。

泰平の世になったことで、鎌倉は観光地として注目されるようになった。鎌倉ほど由緒ある社寺が集中している都市は、関東ではなかったからである。

なかでも、源氏の棟梁である徳川将軍家は鶴岡八幡宮を厚く崇敬した。将軍のお膝元に住むことを誇りにも思う江戸っ子たちが挙って参詣するようになるのは自然の成り行きだった。ここに、観光都市として生まれ変わった鎌倉の新たな歩みがはじまる。

鹿《か》島《しま》神《じん》宮《ぐう》

なぜ安政大地震後に鯰絵に描かれたのか

日本の軍神

関東に鎮座し互いに近接している鹿島神宮と香取神宮は、古来より軍神として尊崇された神社である。鹿島神宮は常陸国、香取神宮は下総国の一の宮だ。

この両社には軍神として崇敬されるほかに、もう一つ共通点がみられる。境内に「要石」と呼ばれる霊石があった。特に鹿島神宮の霊石

所在地	茨城県鹿嶋市宮中2306-1
主祭神（本殿）	武甕槌大神（たけみかづちのおおかみ）
創　建	神武天皇元年

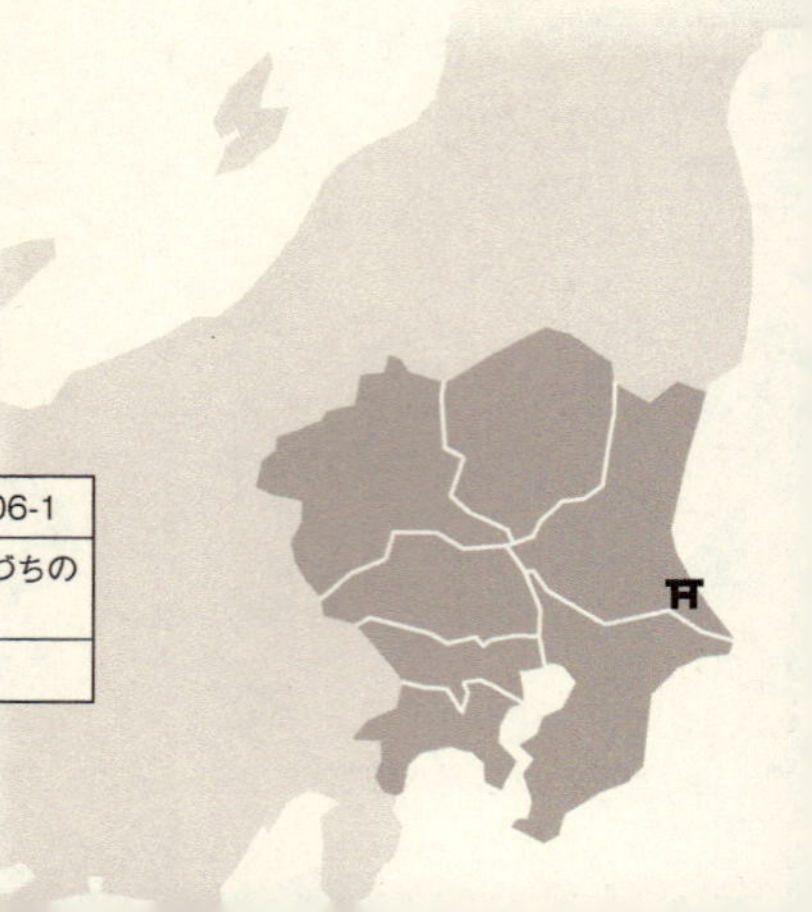

は、江戸を襲った安政大地震を契機に存在が広く知られるようになる。

大地震直後、鹿島神宮の要石をテーマとして様々に描かれた鯰絵に注目することで、鹿島神宮と地震の関係を解き明かす。

⛩鹿島神宮と要石

鹿島神宮創建の歴史は古く、神武天皇が即位した紀元前六六〇年つまり皇紀元年に創建されたと伝えられる。香取神宮も神武天皇（皇紀）十八年の創建であり、両社は日本で一、二を争う長い歴史を持つ神社だった。

両社は武道の神様を祀っている。鹿島神宮は武甕槌大神で、香取神宮は経津主大神。そのため、剣術の道場には「鹿島大明神」と「香取大明神」の掛け軸が掛けられるのが定番である。

よって、朝廷のみならず武士からも厚く崇敬された。なかでも、鹿島神宮は江戸幕府から手厚いバックアップを受ける。

関東の太守だった徳川家康は慶長五年（一六〇〇）の関ヶ原合戦で勝利し、同八年

（一六〇三）には征夷大将軍に任命されて江戸に幕府を開いたが、十年（一六〇五）に戦勝の御礼として社殿を寄進する。現在の奥宮だ。

それから十四年後の元和五年（一六一九）には、二代将軍の徳川秀忠が社殿を寄進する。現在の本殿・石の間・幣殿・拝殿の四棟である。それに伴い、家康が寄進した社殿は奥宮となった。

秀忠の異母弟にあたる初代水戸藩主の徳川頼房は、寛永十一年（一六三四）に楼門を寄進している。三代将軍家光の病気平癒を願ったところ快方に向かったため、その御礼として寄進したのだ。日本三大楼門の一つに数えられる楼門である。

さて、境内にある要石は霊石とされるが、地中深く埋められており、地表には高さ15センチほどしか出ていない。水戸黄門で知られる水戸光圀が七日七晩にわたって掘り続けるよう命じたものの、いつになっても底が見えてくる様子がなかった。さらに、掘削に際して怪我人が続出したため、ついに掘るのをあきらめたといわれる。

鹿島神宮の要石は地中で地震を起こす鯰の頭を抑えるためのものであり、その御蔭でこの地域は地震の被害が大きくない。香取神宮の要石にしても同じで、両社の要石は地中でつながっている。鹿島大明神と香取大明神が要石をもって鯰の頭と尾を抑えているため、地震が起きないのだという言い伝えが今に語り継がれている。

⛩安政大地震

両社の要石が地震を封じ込めているという言い伝えが広く知られるようになったきっかけがある。安政二年（一八五五）十月、江戸に甚大な被害を与えた大地震だ。俗に安政大地震と称される。

江戸時代は泰平の世とされるが、地震は避けられなかった。

五代将軍綱吉の治世末期にあたる宝永四年（一七〇七）十月四日に、マグニチュード八・四の地震（宝永大地震）が起きる。その後、房総から九州までの太平洋沿岸に津波が襲い、大きな被害が出た。地震と津波の被害を合わせて、死者二万余人、倒壊家屋が約六万棟、流失家屋は約二万棟という大惨事だった。

それから約一ヶ月半後の十一月二十三日には、この地殻変動に連動する形で富士山が大噴火する（宝永大噴火）。江戸でも、噴火による灰が雪のように積もったという。

しかし、この宝永大地震の被害を上回る被害をもたらした地震が幕末の安政二年に起きてしまう。十月二日の午後十時。マグニチュード七の直下型地震が江戸の町を襲った。震源は、江戸の東端にあたる亀戸から下総国市川の辺りだった。

被害が最も大きかったのは本所・深川・浅草などで、町人地だけで一万六千棟が倒壊する。死者は約五千人にも及んだ。

町人地だけではない。武家地も多大な被害を被った。大名屋敷も全大名のうち約半数の屋敷が被害を受ける。

鹿島神宮とも関係の深い水戸藩の江戸藩邸も建物が倒壊した。その下敷きになる形で天下に名を知られた儒学者の藤田東湖が圧死したのは、幕末史では良く語られる事件だ。建物内の母を守ろうとして落命したのである。

江戸の治安を預かるのは江戸城近くに置かれた南北両町奉行所だが、被害が軽微にとどまったのは不幸中の幸いだった。すぐさま被災民の支援に着手している。

当時、江戸には町奉行所の外局のような形で町会所という役所が設置されていた。大火や水害などに見舞われた時、炊き出しや御救米支給などの事務を執ることが役目の一つだった。町会所による救済活動や隣近所どうしの助け合いも相まって、ようやく江戸の人心は落ち着きをみせる。

⛩鯰絵の登場

地震の衝撃から人々が立ち直り、復興に向けて進んでいくなか、江戸では「鯰絵《なまず》」が大量に版行されて人気を呼ぶ現象が起きていた。

鯰絵とは、鹿島神宮、要石、そして地震を起こす鯰が構成要素として描かれた上に、滑稽味のある文章が添えられた錦絵のことである。この時に描かれた鯰絵は数百種にものぼった。それだけ、人気を博して売れたのだ。

こうした鯰絵の人気を当て込み、江戸では絵草紙屋がその販売に次々と参入していったが、そんな絵草紙屋を風刺する川柳が当時詠まれている。

絵草紙屋　鯰の味を　今度知り

鯰絵に先んじて版行されていたのは、災害速報の形を取った「地震方角付け」だった。これは瓦版だが、あくまでも民間情報であり幕府の許可も得ていない。その真偽も定かではなかったが、関心の高さを背景によく売れた。

しかし、時間が経過するにつれて地震の衝撃から人々が立ち直っていくと、代って人気が出たのが震災後の世相を風刺した鯰絵である。

鹿島大明神が要石をもって地震を起こす鯰を抑え込んでいる構図が定番だが、鯰つまり地震を抑えむよう要石に向かって人々が祈る姿が描かれた錦絵もみられた。これも、鯰絵の範疇に含めることができるだろう。

地震で家屋などの財産を失った者は大勢いたが、復興の過程で富を蓄積した者がいたのもまた事実である。材木商は言うに及ばず、大工や左官などの職人の場合、その需要は急上昇し、賃金が高騰していた。

こうした一連の復興景気で富を得た者たちを風刺する鯰絵もかなりみられた。賃金が高騰した職人たちが、地震を起こした鯰を接待している構図の鯰絵が今に伝わっている。鯰の御蔭で、懐が温かくなったことへの御礼というわけだ。

地震後は実にバラエティーに富んだ鯰絵が版行されたが、幕府は社会不安を増幅しかねないと危機感を強め、その取締りをはかる。錦絵という出版メディアを統制しようとしたが、思うようにはいかなかった。

結局のところは、流行が収まって需要がなくなり、版行が鎮静化するのを待つしかなかった。

⛩地震を鎮める神社

大地震後の顛末からは、鯰絵の人気も一過性のものに過ぎなかったことがわかるが、鹿島神宮の要石をテーマに描いた鯰絵の大流行により、要石の存在が広く知られるようになったことは間違いない。

安政大地震は武道の神様というイメージが強い鹿島神宮の別の顔、地震を鎮める神様であることも人々に知らしめる契機となったのである。

参考文献
野口武彦『安政江戸地震――災害と政治権力』ちくま新書、一九九七年。

日《にっ》光《こう》東《とう》照《しょう》宮《ぐう》

なぜ明治維新の際に戦場となるところだったのか

⛩世界遺産の二社一寺

平成十一年（一九九九）に「日光の社寺」が世界遺産に登録された。日光山内にある二社一寺、つまり二荒山神社、東照宮、輪王寺とこれら建造物群を取り巻く遺跡が登録資産となったが、なかでも東照宮はそのシンボルである。

日光東照宮の歴史は、祭神である徳川家康そして江戸幕府の歴史で

所在地	栃木県日光市山内2301
主祭神（本殿）	徳川家康（とくがわいえやす）
創　建	元和3年（1617）

もあったが、江戸から明治に時代が移り変わるなかで、危うく戦場になるところだった。戊辰戦争に巻き込まれ、焼失の危機に晒されたのだ。万一戦場となっていれば、世界遺産として登録されることはなかったかもしれない。

日光東照宮の歴史から知られざる明治維新の一場面を描き出す。

⛩日光東照宮建立と将軍の日光社参

元和二年（一六一六）四月十七日、日光東照宮の祭神となる徳川家康は駿府城で波乱の生涯を終える。その遺言により、遺骸は久能山にいったん埋葬されたが、翌三年（一六一七）には日光山に改葬された。家康を祀る東照社が日光山に建立されたからである。日光への改葬も家康の遺言に基づく対応だった。

前月の二月、朝廷は家康に「東照大権現」という神号を与えた。この神号に因み、東照社（東照宮）が創建されたのである。

家康が葬られた日光山は、古来より日光権現を仰ぐ山岳信仰の霊場として知られていたが、家康そして孫の三代将軍徳川家光も葬られることで、徳川家の聖地としての顔も持つようになる。

家康を日光に改葬した際、二代将軍秀忠により東照社が造営されるが、面目を一新するのは三代家光の時だ。寛永十一年（一六三四）、家光は総工費五十六万八千両を掛けて、社殿の大改築を開始した。同十三年（一六三六）に壮麗な社殿が完成する。

正保二年（一六四五）、東照社に宮号が下賜され、東照宮と呼ばれるようになる。名実ともに、日光東照宮の誕生である。以後、東照宮は江戸城内の紅葉山、将軍の霊廟が置かれた上野寛永寺、芝増上寺のほか、家康が最初に埋葬された久能山、諸大名の居城にも置かれた。

日光東照宮には将軍をはじめ諸大名、武家、公家そして庶民に至るまで参詣していく。合わせて、日光街道の整備も進む。現存する杉並木も植樹された。

毎年、家康の命日にあたる四月十七日には、東照宮では例祭が執行された。例祭には将軍自ら参詣することもあったが、これを日光社参と呼んだ。

日光社参の嚆矢は、家康の遺骸が日光に改葬された元和三年のことである。十二代将軍家慶による最後の社参まで、日光社参は都合十九回に及んだ。その大半は、家光の時であった。

江戸城を出立した将軍は日光街道などを経由して東照宮へ向かったが、三泊四日の行程が通例である。初日は岩槻城、二日目は古河城で宿泊、三日目は宇都宮城で宿泊し、四日目に日光に到着した。

将軍が日光東照宮に参詣する時は、諸大名も挙って随行する。それに伴い、沿道の農村は臨時に助郷役などを課された。荷物を運送するための人馬を無償で提供するよう命じられたが、その負担は非常に重かった。

よって、幕府も将軍の日光社参は控えるようになる。毎年の例祭には将軍の名代という形で代参使を派遣することで、そのしわ寄せが農村に極力及ばないよう努めた。日光への代参使には、吉良家などの高家が任命された。高家は殿中儀礼の指南や勅使の接待を職務としていたが、代参使も勤めたのである。

⛩日光例幣使の派遣

日光東照宮の例祭に使者を派遣するのは幕府だけではなかった。京都の朝廷も幣帛を奉献するための勅使を日光に派遣している。

これを奉幣使と呼ぶ。毎年派遣されたため例幣使とも称された。

東照宮への奉幣使派遣とは、幕府側の要請に応えたものだった。幕府としては、朝廷の権威を借りて東照宮の権威向上を狙ったわけである。

最初に奉幣使が派遣されたのは元和三年だが、正保四年（一六四七）からは毎年の派遣となる。ここに、日光例幣使の歴史がはじまる。

例幣使に任命されたのは、朝廷では参議を勤める中級クラスの公家だった。一行の人数は五十〜六十人の規模だったが、家康百回忌など特別な時は人数が倍増となる。

例幣使は、どういう経路を取って日光に向かったのか。

京都を出立した例幣使は、中山道を経由して東へと向かう。碓氷峠を越えて関東に入り、上野国の倉賀野宿まで進むと、中山道から離れる。道を東に取って下野国の楡木宿まで進むが、このルートは日光例幣使街道と呼ばれた。楡木宿からは日光街道壬生通りなどを経由し、日光に至る。

例幣使一行が京都を出立するのは例年三月末から四月一日までの間であり、遅くとも四月十五日には日光に到着することになっていた。例祭（四月十七日）の前日にあたる十六日、例幣使は神前への奉幣をおこない、翌日の例祭に備える。ただし、例祭自体には参列せず、奉幣を済ませると江戸へ向かうのが通例だった。

江戸では、奉幣が済んだ旨を幕府に報告している。その後東海道を経由して、四月末には京都に戻った。

例幣使が例祭に遅れるわけにはいかなかったため、往路は川留めの危険性が少ない中山道を取ったのである。そして任務を果たした後は、川留めの危険性があっても山道の少ない東海道を選んだわけだ。

徳川将軍家の聖地であった日光には、旗本が任命された日光奉行が置かれた。その任務は日光の将軍（家康・家光）霊廟の警備・管理のほか、日光の町や東照宮領の管轄だった。武蔵国多摩郡八王子に土着させていた千人同心も交代で派遣され、警備にあたっている。

⛩徳川家陸軍将兵、日光に籠城する

日光東照宮は徳川将軍家つまりは江戸幕府のシンボルであったがゆえに、幕末に入ってその権威が低下していくと、東照宮にも暗雲が立ち込める。

戊辰戦争が起きた慶応四年（一八六八）のことである。

江戸城総攻撃を目指して東海道・東山道・北陸道の三道から江戸に向けて進軍していた西郷隆盛率いる東征軍は、徳川家代表勝海舟との頂上会談により江戸城総攻撃を中止する。三月十四日のことである。

四月十一日に江戸城は無血開城となるが、これに不満を抱く徳川家の陸軍将兵は次々と江戸を脱走した。その最大勢力が、下総国国府台（現千葉県市川市）に集結した歩兵奉行大鳥圭介率いる二千余の陸軍部隊だった。これに新選組の生き残りである土方歳三たちも合流した。

四月十二日に国府台でおこなわれた評議で、大鳥は全軍の総督に就任する。土方は参謀として大鳥を補佐することとなった。

下総や常陸を経て下野に向った大鳥や土方たちは、「東照大権現」と記した白旗を掲げて日光へ向かう。江戸城は失ったが、徳川将軍家の聖地東照宮を根拠地として、東征軍と一戦交えようとしたのである。

北上した大鳥軍は、その途中小山で東山道軍を撃退する。十九日からは新政府側についていた宇都宮城への攻撃を開始し、翌二十日に陥落させてしまう。

宇都宮城を占領した大鳥軍に対し、東山道軍は宇都宮城奪還を目指して激しい攻撃を加えてきた。二十三日のことである。

激闘のなか土方は負傷する。再起を期して会津へと向かった。

戦況の不利を悟った大鳥は、宇都宮城の放棄を決断する。日光での決戦を企図し、東照宮に入った。その境内は広い上に、幾つもの塔頭もあり、大部隊が駐屯するには好都合だった。

日光に入った大鳥は籠城の構えを取る。日光街道に胸壁を築き、日光山への入り口として知られる神橋には枯草を積み上げ、いざという時には橋を焼き落とすつもりであった。街道筋の農村には炊き出しを命じた。

しかし、東照宮側は大鳥軍に退去を求める。日光が戦場となって家康の霊廟が焼失でもすれば家康に申し訳が立たないという論法だ。霊廟の警備にあたる日光奉行からも撤退の申し入れがあった。配下からも、日光で勝利すれば良いが、負ければ徳川家の霊廟が灰燼に帰すとして会津への転進を求める具申がなされる。

既に大鳥軍は弾薬不足に苦しんでいた。要害の地である日光に立て籠もっても、補給の見込みがない以上、敗北は必至だった。大鳥は撤退を決断する。

二十九日夜半より、大鳥軍は撤退を開始して会津へと向かう。翌閏四月一日、もぬけの殻となった日光に土佐藩士板垣退助率いる東山道軍が進駐した。東照宮が戦火に巻き込まれることは直前で避けられたのである。

⛩運命の分かれ道だった戊辰戦争

日光東照宮と対照的な結末となったのが、霊廟があることで同じく徳川将軍家の聖地となっていた江戸の上野東叡山寛永寺である。当時、寛永寺には東征軍に敵対姿勢を崩さない彰義隊が駐屯していた。寛永寺も承認した上でのことであった。

大鳥軍が日光から退去して一ヶ月半後にあたる五月十五日、東征軍は寛永寺に籠る彰義隊への攻撃を開始した。彰義隊は敗れ、寛永寺の伽藍は火に包まれる。一日にも満たない戦いで、寛永寺はほとんど灰燼に帰した。境内は明治政府に取り上げられ、ここに上野公園の歴史がはじまる。

彰義隊の戦いで知られる上野戦争は、世界遺産の日光東照宮にとり戊辰戦争が運命の分かれ道だったことを教えてくれる。

参考文献

安藤優一郎『「幕末維新」の不都合な真実』ＰＨＰ文庫、二〇一六年。

浅《せん》間《げん》神《じん》社《じゃ》

なぜ江戸には浅間神社が多いのか

日本人と富士山

古来より、日本人の間では日本最高峰の山である富士山への信仰が篤かった。富士山あるいは富士山に鎮座する神を「浅間大神」として祀ったのである。

各地には、富士山つまり「浅間大神」の遥拝所として浅間神社が建立されていく。なかでも数多く創建されたのは江戸だったが、その理由は何だったのか。

所在地	静岡県富士宮市宮町1-1
主祭神（本殿）	木花咲耶比売命（このはなさくやひめのみこと）
創　建	元禄年間（1688～1704）

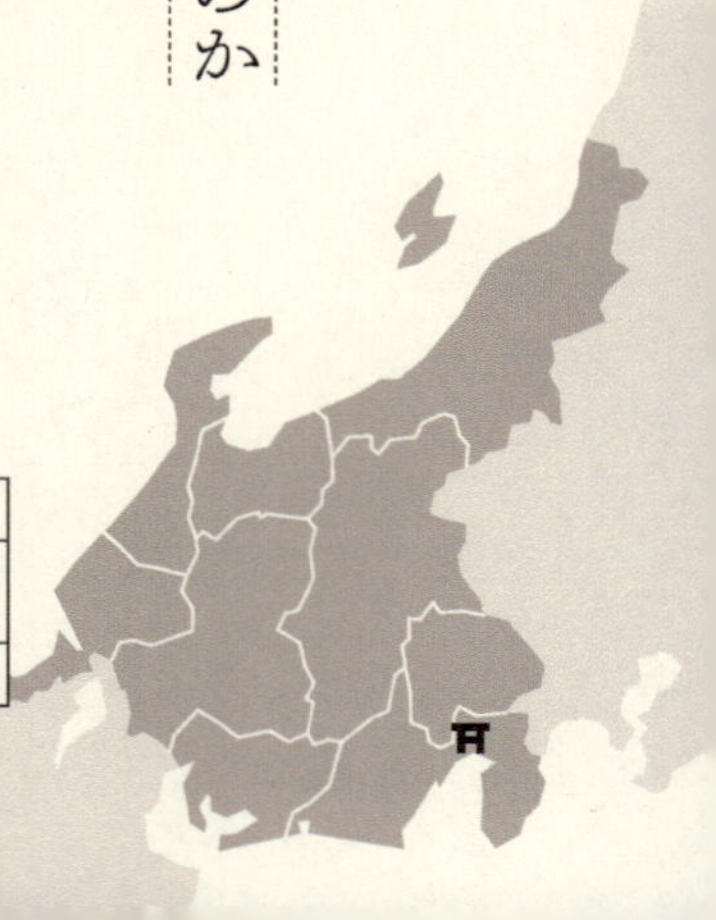

江戸の各所に造られ、現在もその跡をみることができる富士塚を通して、その背景に迫る。

⛩浅間神社の創建と富士登山のはじまり

富士山の登山がはじまったのは平安時代である。平安初期に「役小角（えんのおづの）」という人物が登山したのが、そのはじまりと伝えられる。登山の目的は仏道修行だった。

仏教は元々、中国大陸から伝わった外来の宗教だ。仏教が伝来する前、日本には八百万の神がおり、日本固有の宗教として発展を遂げていた。祖先や自然を神とみなして尊崇したが、その一つに山岳信仰がある。

山岳信仰は山に超自然的な威力を認めた信仰であり、自然神に分類できるが、山岳信仰と仏教が結びつくことで、山中での修行を重んじる山岳仏教そして修験道（修験宗）が生まれた。その祖こそ、最初に富士山に登山したと伝えられる「役小角」だった。

古来より噴火を繰り返した富士山は、人々にとり畏怖の対象だった。強い神秘性をまとっているように映っていた。修験道は山中での修行を通じて呪力の獲得を目指したが、「役小角」が最初に登山したことからも、呪力獲得に格好の場所だったのだろう。

以後、修験者による富士山への登山がはじまる。登山がはじまると、登山口という道も自然と生まれていく。

富士登山が盛んとなるのは、噴火活動が鎮静化する平安末期に入ってからである。活発な噴火活動は人々をして富士山への畏敬の念を引き起こしたが、噴火を鎮めるため、富士山あるいは富士山に鎮座する神を「浅間大神」として祀る機運も生む。山岳信仰に他ならない。

こうして、各地に富士山つまりは「浅間大神」の遥拝所として浅間神社が建立されていくが、それに先んじて浅間大神を祭神とする神社が創建された。現在の富士山本宮浅間大社、そして北口本宮富士浅間神社などの本宮である。

平安末期にあたる十二世紀頃に入ると、噴火活動もようやく鎮静化する。鎌倉時代後半にあたる十三世紀中頃には、噴煙も止まったようだ。それに伴い、修験者たちに

写真提供：浅間神社

よる富士登山が盛んになる。

　登山回数が数百回にも及んだ人物もいる。富士上人の通称を持つ末代上人である。

　末代上人は、山頂に大日寺を建立する。久安五年（一一四九）には一切経を納めた。保元・平治の乱など、京で戦乱が起きる直前の頃だ。

　当時は、神仏習合思想が広まっており、富士山の浅間大神は仏教と習合して富士権現、富士浅間大菩薩と称されていた。山頂は神の世界であるだけでなく、仏が姿を変えた神の世界、つまり仏の世界とも認識されはじめ、山頂に至ることが重要な意味を持つようになる。

　そんな流れから、修験者に引率された形で

の一般人による登山も盛んとなる。その後富士山の噴火活動が長期にわたって止まることで、登山の傾向に拍車が掛かった。

鎌倉時代が終わり室町時代に入っても、その傾向は止まらなかった。参詣者の増加を受け、富士山へ向かう街道すなわち富士道が生まれる。登山道も開かれた。登山口としては、駿河国側では須山口・須走口・村山口、甲斐国側では吉田口・川口口などが挙げられるが、参詣のため登山する者が宿泊する宿坊も作られはじめる。登山環境が整備されていく。

そして、戦国時代から江戸時代に入ると、富士山信仰は最盛期を迎える。

⛩富士講の拡がり

富士山信仰の高まりに大きく貢献した人物に、戦国時代に登場した長谷川角行がいる。

富士山や周辺の風穴で修行して霊力を得た角力は、将軍のお膝元となった江戸に出ると、護符を配って信徒を増やし、江戸の富士講の講祖となる。富士講とは、富士山を信仰する講社のことである。

江戸中期にあたる享保期には、角力の系統から食行身禄が現れる。身禄の教えは人々の崇敬を集め、富士講は最盛期を迎えた。その隆盛ぶりに危機感を覚えた幕府は、寛政七年（一七九五）以降何度となく富士講禁止令を発したほどだった。

江戸の町からは富士山が良く見えたため、その敬虔なたたずまいが信仰対象として受け入れやすかったのだろう。毎年正月三日は「初富士」と称し、早朝に富士山を礼拝するのが当時の習いだった。市中の小高い場所から富士山を眺望した。

富士講は、先達・講元・世話人の三役により組織された。伊勢講、秋葉講などと同じく、講員は金銭を積み立て、その年の代参者を決める。

富士登山が可能となる夏に入ると、菅笠を被った白装束姿の代参者の一団が鈴を振りながら、六根清浄などを唱えて富士山へと向かうのが夏の風物詩となっていた。その際は、先達が導師の形で同行するのが通例である。

先達は、富士山麓の須走村や須山村などに住む御師と結び付いていた。代参者たちを提携する御師の宿坊に宿泊させた。

御師は神職であり、登山に先だって代参者たちに祈禱を施し、湧水で水垢離を取らせた。その上で山頂へと導くことになっていた。

山頂へは、南の登山道である須山口、南西の村山口、北の吉田口が主なルートだった。登山道には茶屋や山小屋が設けられ、参詣者への便もはかられている。

登山環境のさらなる整備は、富士登山の大衆化を進行させる。富士山を望む地域から年間で平均一〜二万人が登山するようになったが、最も多かったのが江戸からの参詣者である。それだけ、江戸の富士講は広がりを見せていた。

富士山人気を受け、次のようなフレーズまで生まれるに至る。

江戸は広くて八百八町、講は多くて八百八講。江戸に旗本八万騎、江戸に講中八万人

⛩富士塚の誕生

富士山信仰の高まりは、富士山を模した塚である富士塚を江戸の町や関東各地に生んでいく。江戸の各地域で結成された富士講が、富士山つまりは浅間大神（浅間大権

現）を地元に勧請したのだ。

単独で浅間神社が勧請されることもあったが、江戸では富士塚とセットで勧請されることが多かったのである。

富士塚には、一定の様式があった。富士山の五合目以上を模した塚を造成した後、その全体を富士の溶岩で覆うことで富士山の岩肌を表現した。そして、奥宮、登山道の標石などを設置するのが決まりだった。

江戸の場合、安永九年（一七八〇）に高田水稲荷の境内に造られた富士塚が最初である。現在の東京都新宿区西早稲田の早稲田大学構内にあたる。高さは五メートルほどだったが、のべ数千人の富士講の講員が無償協力して造成されたことで、江戸中の評判となる。これが嚆矢となる形で、富士塚が次々と造成されていく。

富士登山が盛んになったとはいえ、数日かけてお詣りすることのハードルが高かったのは事実だ。旅費など費用の問題はもちろんである。

しかし、数メートルほどの「富士山」が近くにあるならば、その登山のハードルははるかに低くなる。容易に登山できる。

当時、富士山は女人禁制とされており、女性は登山できなかった。だが、富士塚はその対象外であり、女性も富士塚を登るようになるのは自然の流れだった。

やがて、富士山の山開きにあたる六月一日に、町内に築かれた富士塚に登る習慣がはじまる。登山の後は、お決まりの酒宴が開かれた。毎年六月一日に、富士塚を舞台にして執り行われた一連のイベントは、江戸の年中行事の一つまでになる。

富士登山のみならず富士塚を通して、富士山信仰つまり浅間神社への信仰が江戸に深く浸透する。富士塚そして浅間神社は富士講の結集の場となっていたのである。

⛩世界遺産に登録される

平成二十五年（二〇一三）六月、富士山が世界文化遺産に登録された。その正式な登録名称は「富士山─信仰の対象と芸術の源泉」である。登山道や御師住宅と並び、浅間大神が祀られる富士山本宮浅間大社や北口本宮富士浅間神社など富士山近辺に鎮座する八つの浅間神社も、二十五にも及ぶ世界遺産の構成資産に入っている。

しかし、江戸の町などに造られた富士塚も富士山信仰の拡大に大きく貢献していた。富士登山できない人々も富士塚に登り浅間神社に参拝することで、その信仰心を満たせたからである。
東京に今も残る富士塚は、江戸で浅間神社が数多く勧請されていたことを伝承する役割を果たしている。

参考文献
岩科小一郎『富士講の歴史』名著出版、一九八三年。

諏《す》訪《わ》大《たい》社《しゃ》

（上社本宮《かみしゃほんみや》・上社前宮《かみしゃまえみや》
下社春宮《しもしゃはるみや》・下社秋宮《しもしゃあきみや》）

なぜ武田信玄は厚く信仰したのか

⛩ 諏訪尽くしの武田信玄

武田信玄は上杉謙信と並んで戦国大名の象徴だが、謙信が毘沙門天という神を厚く信仰したのに対し、信玄は諏訪大社を厚く信仰した。大事な合戦に臨む際には諏訪大社に戦勝を祈願し、風林火山の他に諏訪大明神の旗を軍旗とし、諏訪法性の兜を被った。

所在地	●長野県諏訪市中洲宮山1 ●長野県茅野市宮川2030 ●長野県諏訪郡下諏訪町193 ●長野県諏訪郡下諏訪町5828
主祭神（本殿）	建御名方神（たけみなかたのかみ）・八坂刀売神（やさかとめのかみ）・八坂刀売神（やさかとめのかみ）
創　建	不詳

なぜ、信玄はそれほどまで諏訪大社を厚く信仰したのか。

信玄の戦国大名としての歩みを振り返ることで、その謎に迫る。

⛩諏訪の領主としても君臨した諏訪大社

諏訪大社は、諏訪湖を挟む形で上社（本宮・前宮）と下社（春宮・秋宮）から成る。信濃国一宮たる諏訪大社は、古来より風・水の守護神、武勇の神として信仰を集めていた。すなわち、五穀豊穣を祈る農業の神、軍神として厚く敬われた。

当初、諏訪大社の信仰つまり諏訪信仰は信濃一国にとどまっていたが、鎌倉時代以降、全国的な広がりを見せる。特に関東では、鹿島・香取神宮とともに軍神として崇拝された。鎌倉幕府初代将軍の源頼朝に加えて、幕府を執権として牛耳る有力御家人の北条家とつながったことが大きかった。

諏訪大社のうち上社の大祝を勤めるのは諏訪氏、下社の大祝を勤めるのは金刺氏だった。大祝とは神職のトップを意味したが、諏訪大社の大祝は武士化していく。諏訪郡を支配する領主としても君臨したのだ。いわば祭政一致である。

上社の大祝を勤める諏訪氏は、執権北条家の家臣として重く用いられた。いわゆる北条家による執権政治を支える有力武士として活躍する。北条家としても、軍神として武士たちに厚く敬われる諏訪大社の大祝・諏訪氏を取り込むことは、自分の権威向上にもプラスであった。

鎌倉幕府が滅んで室町幕府の時代に入ると、信濃の守護に小笠原家が任命されるが、諏訪大社はその支配になかなか従おうとはしなかった。

守護大名の小笠原家は、もともと信濃を地盤としていない弱みがあった。隣国の甲斐国の出身で、あたかも落下傘部隊のような形で守護に任命される。信濃の人々にとっては余所者に他ならない。そうした事情は諏訪大社にしても同じである。

こうして、諏訪郡の領主として君臨する諏訪大社、以前から信濃で勢力を持つ有力武将の村上家などとの抗争が長期にわたって展開されていく。守護でありながら、小笠原家による信濃国の支配は非常に不安定なものとならざるを得なかった。

やがて、時代は戦国時代に入る。信濃各地で群雄割拠する武将たちの抗争は激しさを増していく。

そんな信濃の混乱に目を付けた戦国大名がいる。信玄の父、武田信虎であった。

⛩武田信玄の諏訪郡侵攻

源頼朝と同じく清和源氏の流れを汲む名家武田家は、鎌倉時代より甲斐国の守護に任じられていた。室町時代も引き続き甲斐の守護を勤めて守護大名として君臨したが、一時衰えて国内を掌握できなくなる。

しかし、信玄の父信虎の代に国内再統一に成功する。永正十六年（一五一九）には、甲州街道の宿場も置かれた石和から躑躅が崎に館を移した。

館が置かれたのは現在武田神社が鎮座する辺りだが、信虎はこれを機に同所を甲府と命名する。かつて、甲斐国の国府が置かれていた由緒に因んだのだ。甲府の誕生である。

時は、戦国時代に入っていた。

甲斐国の統一により戦国大名への転身に成功した信虎は、他国への侵攻をはかる。そのターゲットに選んだのが群雄割拠の状態の隣国信濃国であり、とくに甲斐国とも接する諏訪郡であった。

諏訪郡は諏訪大社が領主として君臨したわけだが、この頃には祭政分離が進んでいた。諏訪郡を支配する領主の諏訪惣領家と、上社の大祝家。下社の大祝家への分離だが、当時の諏訪郡領主諏訪頼満は下社の大祝を勤める金刺昌春と激しく対立していた。その結果、昌春は諏訪を追われて隣国甲斐国の信虎のもとに逃げ込む。

これを機に、信虎は諏訪郡への侵攻を開始した。享禄元年（一五二八）のことである。同四年（一五三一）には、逆に諏訪勢が甲斐国に侵攻し、武田勢と激しく戦火を交えた。

結局のところ、両者の戦いは決着が付かず、天文四年（一五三五）に和睦となる。そして、信虎の娘で信玄には妹にあたる禰々姫が頼満の孫頼重と婚約した。武田・諏訪同盟の成立である。同九年（一五四〇）、禰々姫は諏訪頼重に嫁いだ。

ところが、翌十年（一五四一）に武田家でクーデターが起きる。

武田家の嫡男として家督を継ぐことが約束されていた信玄は、父信虎とは不仲だった。信虎自身は、家中の支持を受けているとは言い切れなかった。その施政が国内から反発を買っていたからである。

よって、信虎が娘婿で駿河国の戦国大名今川義元のもとに出向いた際、密かに信玄は義元に連絡し、信虎が甲斐に戻れないよう処置してしまう。天文十年六月のことで

諏訪大社 下社秋宮

あった。

　この後、信虎は帰国できないまま駿河で一生を終える。信玄によるクーデターだった。同時に、信玄は武田家の家督を継ぐ。

　甲斐を掌握した信玄は、父信虎と同じく諏訪郡を虎視眈々と狙っていた。だが、諏訪家とは同盟関係にあり、当主の頼重は義弟でもあった。

　しかし、頼重は家中の信頼を失いつつあった。その地位を脅かす動きも起きていた。信玄は彼ら反頼重派との連携により、父以来の宿願である諏訪郡奪取を目指す。

　翌十一年（一五四二）六月、信玄は諏訪家内部の反頼重派と連合し、大軍をもって諏訪郡に攻め入る。一路、頼重の居城上原城に押し寄せた。

不意を突かれた頼重は上原城に自ら火を掛け、桑原城に退く。だが、多勢に無勢であったため、信玄からの和睦の申し入れを受けて開城を決断するが、そのまま甲府へと連行されてしまう。

そして、弟の頼高とともに自害に追い込まれる。七月二十一日のことであった。

その結果、諏訪郡は宮川を境にして、東は武田領、西は諏訪一族で反頼重派だった高遠（諏訪）頼継領となる。諏訪郡の東半分を手に入れた信玄は上原城に重臣板垣信方を置き、諏訪郡代に任命した。

諏訪頼重の居城だった上原城は、信玄による信濃侵攻の最前線基地に生まれ変わった。

円 信玄、信濃を領国とする

信玄は諏訪頼重を滅ぼした後、その娘を側室に迎えている。祝言を挙げたのは、天文十一年十二月のこととされる。諏訪御料人である。

武田家に諏訪家の娘を側室として迎えることには家臣たちは反対するが、信玄は押し切る。諏訪惣領家は滅ぼしたとはいえ、諏訪家つまりは諏訪大社とのつながりを維持したい信玄の思惑があった。

親権の側室となった諏訪御料人は、同十五年（一五四六）に信玄の四男にあたる勝頼を儲ける。諏訪四郎勝頼と呼ばれた武田勝頼である。諏訪家の家督を継いで信濃高遠城主となるが、信玄の没後に武田家の家督を継ぐ。

一方、諏訪郡の西半分を手に入れた高遠頼継たちだったが、信玄との提携は長く続かなかった。諏訪頼重打倒のため手を組んだだけであるからだ。日ならずして信玄と対立しはじめ、武田領に組み入れられた諏訪郡東半分の奪還を目指すようになる。両者が戦火を交えるのは時間の問題だった。

十三年（一五四四）より、信玄は諏訪郡への出兵を繰り返す。激しい抵抗に遭いながらも、数年を経て諏訪郡を完全に掌握した。ここに、諏訪を拠点として信濃侵攻を本格化する環境が整う。

信玄にとり、諏訪郡は信濃侵攻の拠点であるだけではなかった。諏訪大社を掌中に収めることも、諏訪郡掌握に勝るとも劣らず重要なことだった。

諏訪大社は信濃国一宮として、五穀豊穣を祈る農業の神、軍神として信濃の人々から厚く敬われていた。その心の支えだった諏訪大社を掌中に収めることで、いわば余所者である武田家が信濃支配をスムーズに進められるメリットがあったのだ。信玄は諏訪大社の神事祭礼の復興に熱心だったが、同じ文脈で理解できるだろう。

東国の武士から軍神として崇敬される諏訪大社を後ろ盾にすることで、合戦への勝利も大いに期待したのは言うまでもない。

実際、諏訪郡そして諏訪大社を掌中に収めたことは、信玄にとり信濃平定の追い風となる。諏訪郡に続けて伊那郡、佐久郡などを次々と手に入れた。二十二年（一五五三）には信濃国のほぼ全域を版図に収める。

その後信玄は関東や東海地方にも版図を広げ、代表的な戦国大名として知られるようになるが、その支えとなったのが地盤の甲斐とともに、諏訪大社が鎮座する大国信濃だったのである。

⛩ 諏訪まで続く甲州街道

天正十年（一五八二）、織田信長のため滅亡するまで、信濃は武田家の領国であり続ける。甲斐国とともに、信濃国の支配には大いに力を入れる。とりわけ、甲府と信玄も、信玄の飛躍を支えた。

信濃支配の最前線基地・諏訪を結ぶ街道を最重要視し、武田家の御膝元・甲府と諏訪を結ぶ街道の整備が進む。甲州街道が中山道に合流する布石も打たれていく。甲州街道は江戸と甲府を結ぶ街道としてのイメージが強いが、実は江戸と下諏訪を結ぶ街道だった。

信玄の戦国大名としての歩みを振り返ると、諏訪郡に鎮座する諏訪大社を厚く信仰した理由が見えてくる。

秋《あき》葉《は》神《じん》社《じゃ》

なぜ火伏せの神がアキバの由来になったのか

⛩ 秋葉原の語源

東京の秋葉原は「アキバ」の愛称で、海外でも知名度の高い街である。だが、そんな秋葉原という名前の由来となったのが、静岡県浜松市に鎮座する秋葉神社であることはあまり知られていないだろう。

そんな由来のストーリーを辿っていくと、江戸の町に行きつく。

所在地	静岡県浜松市天竜区春野町領家841
主祭神（本殿）	火之迦具土大神（ひのかぐつちのおおみかみ）
創　建	和銅2年（709）

江戸っ子が秋葉神社を厚く信仰したことから「アキバ」が生まれたからである。

秋葉神社と江戸っ子の関係から「アキバ」誕生の歴史に迫る。

⛩火伏せの神様

秋葉神社は、遠江国周智郡にそびえる秋葉山に鎮座している。天竜川の上流に位置する標高八百六十六メートルの秋葉山は、御神体が宿る山として古来より崇敬された。奈良遷都直前の和銅二年（七〇九）に、社殿が建立されたという。

祭神は「火之迦具土大神」である。「火之迦具土大神」は、日本という国土を作った伊邪那岐と伊邪那美の間に生まれた神の子であり、火を司る神とされる。

よって、秋葉神社は火伏の神として尊崇されたが、御利益は防火だけではない。刀で切られる災難（刀難）、洪水など水による災難（水難）にも御利益があるとされ、幅広い信仰を集めていく。

中国大陸から伝来した仏教は、秋葉神社が創建された頃には日本の社会に深く根付きはじめていた。奈良時代には、大仏が国家事業として建立されるほどになる。

朝廷と強く結び付いただけではない。日本固有の山岳信仰とも結びつくことで、山中での修行を重んじる山岳仏教が生まれる。そうした流れから、山中での修行を通じて呪力の獲得を目指す修験道も誕生した。

日本固有の神の信仰と仏教信仰を折衷して融合・調和させる神仏習合思想が、修験道誕生の背景にあったが、秋葉山に鎮座する秋葉神社も修験の道場として知られはじめる。

神仏習合の結果、秋葉神社は秋葉大権現が通称となる。権現とは仏が化身して日本の神として現れることであり、神仏習合に基づく神号だった。江戸時代に入ると、曹洞宗秋葉寺が秋葉大権現の別当を勤めることになる。

つまり、秋葉山には秋葉神社に奉仕する禰宜、秋葉寺の僧侶、道場を管轄する修験が同居する形だったが、彼ら宗教者を統轄していたのが秋葉寺の僧侶だった。

明治に入ると、政府の指令を受けて秋葉神社と改称する。廃仏毀釈に帰結する、中世以来の神仏習合を否定する動きの一環である。

昭和二十七年(一九五二)には、全国各地に鎮座する秋葉神社の総本宮の秋葉山本宮秋葉神社と改称され、現在に至っている。

⛩ 火事と喧嘩は江戸の華

秋葉山信仰は遠江国を中心に脈々と受け継がれてきたが、秋葉神社が名実ともに全国区の神社として台頭したのは江戸時代である。江戸っ子からの圧倒的な支持を受けたことが決め手となった。

なぜ、江戸っ子から厚く崇敬を受けるようになったのか。「火事と喧嘩は江戸の華」というフレーズに象徴されるように、江戸が火災の多発した都市だったことが最大の理由である。

江戸は、百万人の人口を抱える都市だったが、江戸っ子と称される町人が住む地域(町人地)の人口密度は異様に高かった。路地裏まで長屋がびっしりと建てられており、火事となれば次々と燃え広がることは避けられなかった。燃えやすい木造建築であることも、火に油を注ぐ結果となる。

燃えやすい環境であることに加え、消火能力も低かった。町火消など消火にあたる人足はいたが、消火能力はほとんど無きに等しかったのだ。龍土水という木製のポンプはあったものの、放水距離は十五~六メートルしかなく消火の役には立たなかった。

よって、水を入れた桶で消火にあたるのが定番となるが、大火となれば、この方法ではなす術がない。最も有効な消火方法は、延焼しそうな家宅を破壊することだった。燃えるものがなくなれば、延焼は防げる。いわゆる破壊消防だ。町火消などによる破壊消防で活躍したのが鳶職人であり、火消人足として雇用されることが多かった。

幕府は江戸の町に対し、屋根を木の板ではなく瓦葺きにすることを求めたり、土蔵を造るよう奨励した。だが、これらの防火対策は町人側に自己負担を強いるものであったため、一連の都市不燃化への取り組みは不充分なものに終わる。江戸は世界最大級の都市だけあって、火災となると大火に発展する。被害も甚大なものにならざるを得ない。

さらに、春先は南西風、冬には北西風の強風といった強い季節風が吹き荒れた。特に十一月から翌年五月は空気が乾燥するため、出火すると手が付けられない。火災はまさに日常茶飯事の出来事だった。冬場になると、毎日どこかで火事が起きていた。

火事が迫ってきても消火能力は無きに等しかったため、なす術がない。身一つで逃げ出すのが精一杯である。一夜にして家財一切を失い、無一文に転落してしまう江戸っ子の事例は枚挙に暇がなかった。

「宵越しの銭は持たぬ」という諺がある。その日に得た収入はその日のうちに使い果たすという意味だ。将来のことをくよくよ考えない、さっぱりとした江戸っ子の気風を指すフレーズとして知られるが、火事に遭うと一夜で家財一切を失いかねない生活環境から生まれた諺でもあった。

火除地から生まれた秋葉原

となると、火事の災いから脱がれるため、最後に頼るのは神仏になるだろう。まさしく神頼みだ。

こうして、火伏の神を祭神とする秋葉神社への信仰が江戸では高まる。秋葉神社が次々と勧請され、各所に社殿や鳥居が建てられていく。秋葉神社の勧請は別に江戸に限らなかったが、火災多発都市だったことも相まって、江戸での勧請例は群を抜いた。

秋葉神社が増えるにつれ、江戸っ子の間で秋葉信仰がますます高まるのは自然の成り行きである。その高まりが、本宮たる秋葉神社の参詣へと駆り立てる。

こうして、秋葉神社を信仰する人々が集まって講（秋葉講）を結成し、順番でお詣りするのが習いとなる。数人から数十人単位で連れ立って参詣し、火伏を祈願した。江戸の町では成田山新勝寺を信仰する成田講。高尾山薬王院を信仰する高尾講に加入する者が多かったが、それに匹敵するほどの拡がりを江戸の町で見せたのが秋葉講だった。それだけ、火事という災いから逃れたい江戸っ子が多かったのである。

明治に入ると、江戸は東京と改められるが、火災多発都市であることに変わりはなかった。明治二年（一八六九）末にも大火が起きている。

十二月十二日午後十時ごろ、神田相生町から出火した火は西風に煽られて東へと燃え広がり、神田佐久間町など八カ町を焼け野原とした。ちょうど、現在の秋葉原駅東側にあたる。焼失戸数は千百にも及んだ。この大火をきっかけに、東京府は焼失した地域を取り上げて火除地とした。火災が起きた時、それ以上延焼させないためである。

神田相生町周辺は長屋が密集する地域であり、火事となれば燃え広がるのは、まさに火を見るよりも明らかだった。実際、その通りになったわけだ。

よって、東京府は当該地を火除地とすることで東京の防火都市化を進めようと目論むが、その中央に鎮火神社を創建する。何としても、東京を火災から守りたい当局の意図が読み取れる。

ところが、江戸っ子改め東京の人々は、鎮火神社を秋葉大権現が勧請されたものと思ったらしい。江戸っ子にとり、火伏の神様と言えば秋葉神社だったからだ。勘違いしたのも無理はなかった。

こうして、東京の人々は鎮火神社を「秋葉さん」と呼びはじめる。そして、火除地に指定された焼け野原を、「秋葉の原」つまり「秋葉原」と呼ぶようになる。

秋葉原そして「アキバ」の歴史は、ここにはじまった。

⛩ 火災から逃れたい江戸っ子の思い

明治に入って火除地に祀られた鎮火神社を、東京の人々が秋葉神社と勘違いしたことで、秋葉原という地名が生まれた。それだけ、江戸っ子にとり火伏の神様と言えば秋葉神社だった。火災から逃れたい切実な思いから生まれた名称なのである。

なお、明治二十一年（一八八八）、この火除地となった秋葉原に貨物線の駅として秋葉原駅が開設されることが決まった。それに伴い、鎮火神社は現在の台東区に遷座する。現在も秋葉神社という社名で鎮座している。

熱《あつ》田《た》神《じん》宮《ぐう》

なぜ織田信長は桶狭間の戦いの前に参拝したのか

⛩神に祈った信長

織田信長というと、比叡山延暦寺の焼き討ちに象徴されるように、仏教（寺院）に対して非常に厳しい姿勢を取ったことで知られる。その反面、ヨーロッパ文明をもたらしたキリスト教（教会）にはたいへん好意的だったとされるが、神道（神社）に対してはどういう姿勢を取ったのか。

所在地	愛知県名古屋市熱田区神宮 1-1-1
主祭神（本殿）	熱田大神（あつたのおおかみ）
創　建	景行天皇43年

信長は世俗の様々な権威を否定し、自らを神格化したと指摘されることも多いが、そんな信長も神社にすがって戦勝祈願した時があった。

桶狭間の戦いで熱田神宮が果たした役割に迫ることで、信長の意外な顔が浮かび上がってくる。

⛩熱田神宮の御神体・草薙剣

熱田神宮は天皇家の祖先天照大神を祀る伊勢神宮と同じく、皇室と深いかかわりのある神社である。

景行天皇の皇子日本武尊は天皇の命を受けて九州の熊襲を討った後、今度は東国平定つまり東征を天皇から命じられた。そして東国へと向かったが、その際伊勢神宮の倭姫命から天叢雲剣を託される。八咫鏡、八尺瓊勾玉とともに、皇位の象徴となっている三種の神器の一つだ。

東征の折、日本武尊は様々な苦難に直面するが、駿河国では火攻めに遭う。その時、日本武尊は天叢雲剣をもって草を薙ぎ祓い、火の向きを逆転させることで危機を脱した。これにより、天叢雲剣は草薙剣と呼ばれるようになる。

東国平定を果たして大和への帰路に就いた日本武尊は、尾張国で妻に迎えた宮簀媛に天叢雲剣つまり草薙剣を預けた。そして伊勢へと向かう。

ところが、美濃と近江の国境にそびえる伊吹山の神の祟りに遭い、病に罹ってしまう。衰弱した日本武尊は大和を目指して伊勢に入るが、大和に戻れぬまま伊勢の能褒野で生涯を終えた。景行天皇四十三年（一一三）のことである。

遺品となってしまった草薙剣を預けられていた宮簀媛は、これを御神体として尾張国の熱田の地に神社を創建する。熱田神宮の誕生だ。

以後熱田神宮は伊勢神宮に次ぐ神社として、朝廷から崇敬されるが、その後鎌倉幕府とも深い縁を持つことになる。大宮司藤原季範の娘が源氏の棟梁源義朝の妻となり、鎌倉幕府初代将軍の源頼朝を儲けたからだ。

なお、熱田神宮の名称は熱田神社だったが、明治元年に朝廷から神宮号を賜ったことで熱田神宮と改称される。

⛩尾張統一を目指す織田信長

日本武尊の危難を救った草薙剣を御神体とする熱田神宮が鎮座している尾張国は、戦国時代に入ると織田家の支配が長く続くが、もともと織田家は尾張の出身ではなかった。

織田家が尾張を支配するに至った歴史を紐解いていこう。

戦国時代以前、尾張を守護として支配したのは足利将軍家の一族である斯波家だった。斯波家は尾張のほか越前の守護なども兼ねる有力守護大名だが、幕府が置かれた京都で生活することが義務付けられており、領国の支配は代理の者に任せていた。これを守護代という。

斯波家は、越前の有力武士だった織田家を尾張国の守護代に任じる。織田家は越前から尾張に移住したが、応仁・文明の乱を経て、斯波家に限らず守護大名の力が落ちていく。やがて、守護代の織田家が主家の斯波家を追い出す形で、尾張を実効支配するようになった。下剋上である。

織田家では、尾張のうち上四郡（葉栗・丹羽・中島・春日井郡）は岩倉城主織田伊勢守家、下四郡（海西・海東・愛知・知多郡）は清洲城主織田大和守家が守護代を勤めた。尾張は、守護の斯波家に代って織田一族により分割支配されていた。

織田大和守家には、清洲三奉行と称される三つの分家が仕えた。信長はその一つである織田弾正忠家の嫡男として生まれたが、父信秀の代に同家は主家にあたる織田大和守家を凌ぐ勢いを示す。

ところが、天文二十年（一五五一）に信秀が死去して信長が織田弾正忠家の家督を継ぐと、信長を当主の座から引きずりおろし、弟信行を擁立しようという動きが表面化する。黒幕は、信秀に圧迫されていた織田大和守家の当主織田信友だった。

弘治二年（一五五六）、信行たちは挙兵するが、信長の前に敗れる。信友は殺され、織田大和守家は滅亡した。信長は尾張の下四郡をほぼ掌中に収め、大和守家の居城だった清洲城を自分の居城とする。

そして、永禄二年（一五五九）に尾張の上四郡を支配する織田伊勢守家の当主織田信賢の居城岩倉城を陥落させる。ここに尾張国の大半を掌中に収めたが、信長が同族との抗争に明け暮れている間、自らの地盤である知多・愛知郡は、駿河国の戦国大名今川義元のため蹂躙されつつあった。

尾張国の東隣は三河国である。かつては松平家が支配した国だったが、当時は駿河と遠江国を領する今川家の属国だった。

三河に加えて尾張も版図に組み入れようと目論む今川家が侵攻していたのだ。愛知郡の鳴海城や沓掛城、知多郡の大高城を奪い、信長にプレッシャーを掛ける。

よって、信長は岩倉城を陥落させて尾張の上四郡を版図に入れると、一転兵を東に向け、今川家に奪取された鳴海城や大高城の奪還をはかる。鳴海城には丹下・善照寺・中島の三つの砦、大高城には鷲津・丸根の二つの砦を付城として築いた。城攻めに際しては、近くに付城を築いて攻城の足掛かりとすることが常道だったからだ。

織田方の反攻を受け、今川義元は大高・鳴海城の救援と付城の排除を決意する。自ら尾張へと向かう。

⛩人間五十年

義元が大軍を率いて駿府を出陣したのは、翌永禄三年（一五六〇）五月十二日のことである。十八日には、尾張の沓掛城に入った。

今川家の大軍が尾張に侵攻したことで、織田方の付城への攻撃が時間の問題となる。この緊急事態を受け、同日夜に織田家の重臣たちは清洲城に集まり、対策を協議した。

兵力は今川方が数倍であり、まともに戦っては勝ち目がない。しかし、信長は何ら対策を打ち出すことなく、寝所に引き籠ってしまう。

日付が変わって、五月十九日の夜が明けようとする午前四時ごろ、清洲城に急使が到着する。今川方が前線の丸根・鷲津砦に攻撃を仕掛けてきたのだ。

信長は即座に出陣を決意するが、その前に謡曲「敦盛」を舞った。「人間五十年」のフレーズは有名だろう。

ひとさし舞い終わると、信長は出陣を命じる。法螺貝を吹かせて、城下の家臣たちに出陣を知らせたが、家臣が城に勢揃いするのを待たずに出陣する。後に続いた者はわずか五騎だけだった。

清洲城を出た信長は東へ向かう。那古屋を通り越し、熱田神宮に入って軍勢が揃うのを待った。信長出陣を受けて、家臣たちが続々と集結してきた。

熱田神宮では戦勝祈願を行っている。それだけ兵力に劣る信長は追い詰められており、熱田神宮にすがろうとしたわけだ。日本武尊の危難を救った草薙剣が御神体であるから、そのパワーに期待したのだろう。

戦勝祈願の願文を神前に捧げた後、いよいよ進軍を開始する段となるが、その時白鷺が本殿から飛び立つ。これを見た信長は、熱田大神が自分たちを守っている証拠と大声で叫んだ。今川方との決戦に臨む軍勢の士気が高まったのは言うまでもない。

しかし、その間に織田方の丸根・鷲津砦は陥落する。大高城にも今川方によって兵糧が運び込まれ、義元による救援は成功する。次は鳴海城だった。

熱田神宮を出た信長は、鳴海城の付城として築いた善照寺砦に入り、軍勢の集結を待つ。

一方、今川方は義元本隊が沓掛城を出て桶狭間に布陣。前衛部隊は、織田方の付城中島砦に向かった。中島砦を落とし、鳴海城を救援するためである。

この時、信長は最前線の中島砦まで進んでいた。迫りくる今川方前衛部隊への突撃の敢行を決意したが、その時、激しい風雨のため楠の巨木が倒れる。熱田神宮の御加護があると信じていた織田方は、これをその証拠とみなし、士気がさらに上がったという。

織田方は地の利に通じていたこともあり、今川方の前衛部隊を相手に戦いを優勢に進める。折からの激しい風雨も、信長に味方した。

前衛部隊が崩れはじめたことを知った義元は本隊を前進させるが、これが仇となる。勢いに乗った織田方の突撃は凄まじく、本隊まで崩れ出した。

大軍を頼みにしていた今川方は意外な展開に浮足立ち、混乱を呈する。乱戦のなか、ついに義元まで討ち取られ、大将を失った今川方は総退却していった。

桶狭間の戦いは熱田神宮の御加護もあり、信長の勝利に終ったのである。

⛩信長塀の奉納

この桶狭間の戦いでの勝利を機に、信長の人生は大きく変わる。天下取りに向けた重要な第一歩となる戦いだったが、その過程を追っていくと、兵力差もあって勝利に自信が持てないでいた姿が見えてくる。

信長は今川義元との決戦に向かう道すがら、熱田神宮のほかにも神社に戦勝祈願していたという言い伝えもある。それだけ勝利に自信がなかった。白鷺が本殿から飛び立つのを見て熱田大神が自分たちを守っている証拠と叫んだわけだが、兵力差を克服したい信長の必死な気持ちが滲み出ているとは言えないか。

桶狭間の戦いの後、信長は大勝した御礼として、「信長塀」と称される土築地を熱田神宮に奉納する。信長塀は日本三大土塀の一つとされている。

桶狭間の戦いで熱田神宮が果たした役割からは、神社にすがった若き頃の信長の意外な姿が浮かび上がってくる。

伊《い》勢《せ》神《じん》宮《ぐう》

なぜお伊勢参りが
江戸時代に大流行したのか

⛩おかげ参りの大流行

数ある神社のなかでも天照大神を祀る伊勢神宮の人気は非常に高いが、特に二十年に一度の式年遷宮の年は参詣者の数が膨れ上がる。直近では平成二十五年（二〇一三）の式年遷宮時、参詣者は千四百万人を越えた。

参詣者の数が激増するのは、何も式年遷宮の年だけではな

所在地	●三重県伊勢市宇治館町1（内宮） ●三重県伊勢市豊川町279（外宮）
主祭神（本殿）	天照大御神（あまてらすおおみかみ）・豊受大御神（とようけのおおみかみ）
創　建	垂仁天皇26年（内宮） 雄略天皇22年（外宮）

い。例えば、江戸時代には周期的に伊勢神宮への群参が起き、その現象が「おかげ参り」とまで呼ばれたほどである。

なぜ、そうした現象が江戸時代に伊勢神宮で起きたのか。伊勢神宮が歩んできた歴史を追うことで、その謎に迫る。

⛩伊勢信仰の拡大

伊勢神宮は天皇家の祖先天照大神を祀る特別な神社である。その正式名称は「神宮」であり、神宮と言えば伊勢神宮を指した。

伊勢神宮に祀られる神とは八百万の神のなかで最高位の神だった。全国津々浦々の町や村に鎮座する氏神の総元締め、つまり総氏神の位置にもあった。

天皇を戴く朝廷や公家からは手厚い経済的支援を受け、神田や神戸も与えられた。神田、神戸とは神社が支配する田地、その支配下にあった領民のことである。伊勢神宮では神田から徴収する年貢などを財源に充てていた。

しかし、平安中期以降、律令国家と呼ばれた朝廷が武士の勃興により力を失うと、経済的な支援を充分に享受できなくなる。神田なども武士に奪われ、財政難に陥った。朝廷に全面的には依存できなくなった伊勢神宮は、財政基盤を他に求める。その結果、朝廷に代わって台頭した武士階級への依存を強めていく。

武士にとり最大の関心は戦いに勝つことである。負ければ財産どころか、命も失うからだ。そんな武士たちの気持ちを汲み取り、戦勝を祈願することで新たな財政基盤を見出そうとしたのである。

戦勝を祈願する代わりに土地や金品の寄進を受けたわけだが、その武士が戦いに勝てば、御礼としてさらなる寄進を受けるのは言うまでもない。戦勝祈願を通じて、武士の間にも伊勢信仰が拡がっていった。

鎌倉幕府は伊勢から遠い鎌倉に置かれたため、将軍が参詣するまでには至らなかったが、室町幕府は京都に置かれたため、伊勢との距離は断然に近くなる。よって、将軍足利義満をはじめ将軍が何人も自ら参詣している。武家の棟梁である将軍が参詣すれば、配下の武士たちも参詣するのは自然の成り行きであった。

一方、伊勢神宮は庶民の間でも信徒を増やしていくが、庶民の場合は戦勝ではなく商売繁盛・家内安全などの様々な現世利益が一番の関心事だった。バラエティーに富んだ祈願に応じることで伊勢信仰の拡大を目指すが、さすがに伊勢神宮だけでは無理だった。

そこで、伊勢参宮の呼び掛けなどに直接当たる御師が大きな役割を果たすことになる。仲介役を勤めた御師こそ、伊勢信仰を拡大させた最大の功労者なのだが、その活動の実態は後に述べよう。

⛩三大おかげ参り

江戸時代に入ると、伊勢神宮への参詣の流れが大規模になり、「おかげ参り」という社会現象にまでなる。泰平な世として知られ、前代ほど旅行が危険を伴うものではなくなった江戸時代ならではの現象だったのかもしれないが、なかでも約六十年に一度の割合で三度にわたって熱狂的な群参が起きたことは特筆される。これを三大おかげ参りと言う。

最初は宝永二年（一七〇五）のことである。京都の宇治が発端であった。閏四月、子供たちが親に断わりもなく、数人連れで伊勢参宮に出かけた。これが大人たちにも広がり、熱狂的な参詣行動に発展していく。大坂や奈良は言うに及ばず、畿内一帯がその熱に浮かされたようになった。伊勢松坂在の国学者本居宣長の著書『玉勝間』によれば、四月上旬から五月二十九日までの間に三百六十二万人が参宮したという。

この参詣スタイルは、抜け参りと呼ばれた。流行病のように集団的に日常生活から抜け出し、親や主人の許可も得ずに我も我もと伊勢参宮に出掛けたからである。

当時から原因不明の不思議な出来事と受け取られていたが、なぜ爆発的に流行したのか。

それだけ伊勢信仰が広がっていたのだろう。当時、伊勢信仰により病気が治った、思わぬ幸運に恵まれたという人々の御礼参りが広がりをみせたが、そんな伊勢信仰の御利益の噂が噂を呼び、雪だるま式に参詣者が膨れ上がる流れが生まれていた。自分も御利益に与ろうと、突発的に参詣者の一団に加わる動きが多々みられたのだ。

そして、庶民が旅行する場合は携帯が義務付けられた往来手形が、お伊勢参りについては不要という慣習があった。往来手形とは旅行許可と身分証明を兼ねた手形のことである。

さらには、旅費（食費）が掛らなかったことも大きい。伊勢に向かう者たちには沿道の人々が接待する慣習があり、無一文でも伊勢まで行けたからである。こうした慣習がお伊勢参りを後押しした。

次は明和八年（一七七一）だが、京都周辺の女性や子供たちの抜け参りが発端だ。この時は町・村・仲間単位の組織だった参詣者が増えたのが特徴である。後述する伊勢講を母体とした集団だが、伊勢神宮の御札が降下したことで、群参に拍車がかかったのも今回のおかげ参りの特徴だった。

伊勢神宮に入る前、参詣者は宮川を渡ることになっていたが、四月から八月九日までに宮川の渡しを通過した者は、二百七万七四五〇人にも達したという。

そして、文政十三年（一八三〇）は江戸時代最大のおかげ参りとなる。今回は、三月に四国の阿波からはじまった抜け参りが発端だった。

三月末から八月九日までに宮川の渡しを通過した者は四百八十六万人に達したが、着の身着のままの者が多かったという。当時の日本の人口は約三千万人だが、約六人に一人が参宮した計算となる。

⛩ 御師と伊勢講が果たした役割

参詣者が激増するおかげ参りの年に限らず、江戸時代は総じて伊勢参宮つまり「お伊勢参り」が盛んであったが、その主力は人口の九割以上を占める町人・農民といった庶民である。江戸中期にあたる宝暦十三年（一七六三）に出版された『伊勢道中細見記』でも、伊勢参宮は家内安全諸願成就を祈るための参宮であると案内されるほどになる。現世利益を求める庶民の願いが叶う神社だったことが喧伝されていた。

時代の荒波を乗り越え、伊勢神宮が庶民の間に伊勢信仰を広げたことの賜物であったが、先に触れたように、そこでは御師が大きな役割を果たした。伊勢神宮に限らず、御師は神社が信仰圏を拡大させる際には無くてはならない存在だったが、伊勢の御師の活動範囲は全国津々浦々に及んだ。

御師は祈禱に携わる神職ではあるものの、神社内部で職務にあたるのではなく一種の代理店のような存在だった。仲介者として神宮に参詣を取り次ぐ一方、自分の屋敷を宿坊として参詣者を宿泊させた。

伊勢神宮は内宮と外宮から成るが、内宮の御師は百五十家、外宮の御師は享保九年

（一七二四）の数字によると六百十五家を数えたという。御師にはそれぞれ受け持ちの講があったが、伊勢御師の場合、講のメンバーは各自数百軒にも及んだ。有力な御師となると、十万軒から三十万軒にも達した。他の神社の追随を許さない規模である。

講とは神社・寺院・霊山・霊場への信仰を共にする集団のことで、伊勢講とは伊勢神宮を厚く信仰する人々の集まりだ。全国各地で各種の講が結成されたが、結成を働き掛けたのが御師なのである。

伊勢の御師も受け持ちの伊勢講のメンバーに参宮を勧め、実際に参宮した時には出迎え、そして宿泊や案内の面倒を見たが、メンバーの拡大にも熱心だった。

御師や配下の手代衆は自分が受け持つ伊勢講が所在する各地域を回り、「天照皇大神宮」「豊受大神宮」などと摺られた伊勢の御祓い札を配った。その代り、「初穂料」として金銭を受け取った。受け持ちの家が多いほど「初穂料」が莫大な金額となる以上、メンバーの拡大に熱心だったのは至極当然のことである。

御師や手代衆が受け持ちの地域を回る際には、講員向けの御土産を持参するのが通例だ。茶、鰹節、青海苔、のし鮑、扇子、箸といった日用雑貨品が多かったが、女性向けには伊勢特産の白粉を持参した。貰った女性は伊勢参宮への気持ちが湧きあがったに違いない。一種の営業戦略と言えよう。

農民にとっては、現代のカレンダーにあたる伊勢暦が御土産として配布されたことも大きかった。江戸中期にあたる十八世紀初めには二百万部以上も摺られたという大ベストセラーだ。それだけ暦は需要があったが、なかでも農事に関する情報も加えられた伊勢暦が大量に摺られている。伊勢暦が貰えるのは伊勢講のメンバーとしての特典だった。

伊勢神宮にとり、御師は一種の営業部員だった。いわば最前線で伊勢信仰の拡大に力を発揮したが、その活動を地域で支えたのが伊勢講なのである。講を仕切る講元は伊勢参宮のための積立金の管理・集金にあたるほか、御師との連絡、伊勢からやって来た御師や手代には自宅を宿所として提供するなどして、その活動を陰で支えていた。

⛩お伊勢参りが盛んだった理由

御師と伊勢講が車の両輪の役を勤める形で、伊勢信仰は全国各地へと浸透していった。これこそ、江戸時代が総じて「お伊勢参り」が盛んだった最大の理由である。群を抜く伊勢講のメンバーの数が、それを何よりも物語っている。

もちろん、伊勢神宮が全国の神社の総元締め、日本の総氏神の地位にあったことも大きかった。だが、御師たちによる一種の営業活動により伊勢信仰が庶民の間で広く浸透しなければ、「おかげ参り」などは起きなかったはずである。

御師、そして御師が作り上げた伊勢講こそが、お伊勢参りが大流行した最大の理由なのである。

参考文献
金森敦子『伊勢詣と江戸の旅』文春新書、二〇〇四年。
鎌田道隆『お伊勢参り』中公新書、二〇一三年。

賀《か》茂《も》神《じん》社《じゃ》（上賀茂神社《かみがもじんじゃ》 下鴨神社《しもがもじんじゃ》）

なぜ孝明天皇は二百三十年ぶりに行幸したのか

三勅祭の一つ・葵祭

京都の五月の風物詩となっている上賀茂神社（賀茂別雷神社）と下鴨神社（賀茂御祖神社）の祭は、葵祭という名称で知られる。勅使を迎える三勅祭（賀茂祭、石清水八幡宮の石清水祭、春日大社の春日祭）の一つでもあった。

所在地	●京都市北区上賀茂本山339（上賀茂） ●京都市左京区下鴨泉川町59（下鴨）
主祭神（本殿）	賀茂別雷大神（かもわけいかづちのおおかみ） 賀茂建角身命（かもたけつぬみのみこと）・玉依媛命（たまよりひめのみこと）
創　建	白鳳6年（678）（上賀茂） 崇神天皇7年（紀元前90）（下鴨）

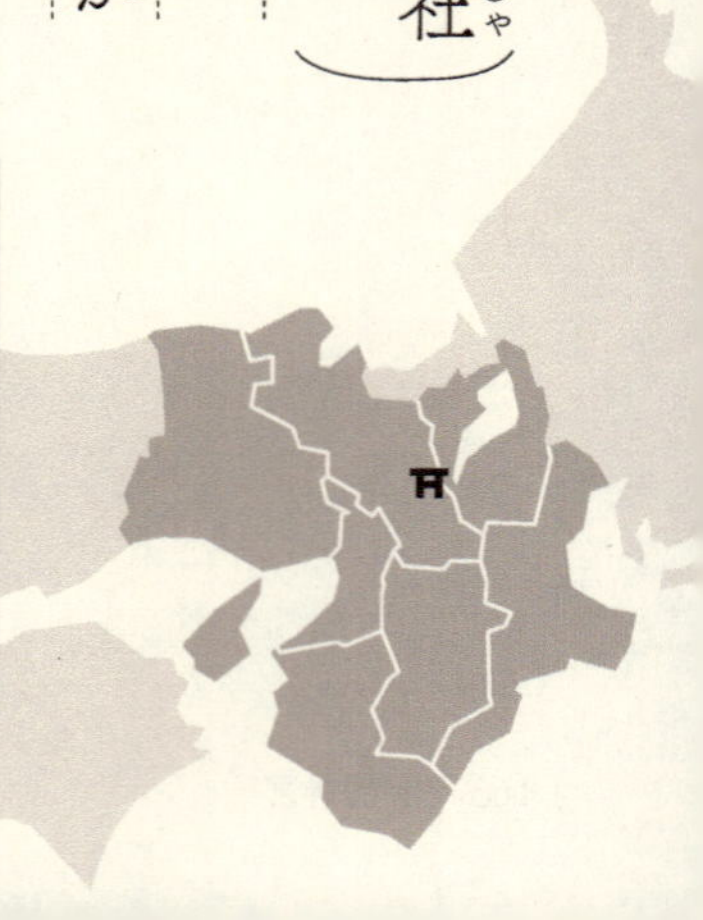

幕末にあたる文久三年（一八六三）に、第百二十一代の孝明天皇が十四代将軍徳川家茂を随行して賀茂両社に参詣したことがあった。天皇の妹和宮は家茂の御台所であり義兄弟で参詣した格好だが、その目的は攘夷の祈願だった。

なぜ天皇は義弟の将軍を随行させて攘夷を祈願したのか。賀茂神社をめぐる動きから激動の幕末史を覗いてみる。

⛩朝儀復興に努めた光格天皇

勅祭だった賀茂両社の例祭は中絶していた時期があった。

京都を焼け野原にした応仁の乱以来、例祭が執り行えない状態が長らく続いたが、ようやく元禄七年（一六九四）に二百年以上ぶりに再興される。同じく勅祭の石清水八幡宮例祭（放生会）も応仁の乱のため中絶を余儀なくされたが、賀茂両社に先立ち延宝七年（一六七九）に再興されていた。

双方の例祭とも、朝廷の要請を受けた幕府が祭礼費用を負担することで再興が実現する。戦乱の影響もさることながら、例祭が執り行えなかった根本的な原因は朝廷の財政状況にあった。勅祭に指定していながらも朝廷の財力では費用が負担できず、幕府に肩代わりさせたわけだ。

毎年四月中旬の酉の日に執行された賀茂祭（現在は五月十五日）は北祭、八月十五日の石清水八幡宮の祭は南祭と称された。合わせて南北祭である。

しかし、賀茂両社も石清水八幡宮も臨時祭が再興できたのは、それから百年以上も後のことだった。

賀茂社の臨時祭は、宇多天皇が神のお告げを受けることで寛平元年（八八九）よりはじまったが、同じく応仁の乱のため中絶を余儀なくされていた。石清水八幡宮の臨時祭は、平将門・藤原純友の乱（承平・天慶の乱）平定の御礼として天慶五年（九四二）よりはじまったが、応仁の乱以前の永享四年（一四三二）に中絶する。

この両臨時祭が再興されたのは、石清水八幡宮が文化十年（一八一三）で賀茂祭が翌十一年（一八一四）のことである。時の光格天皇は朝儀復興に非常に熱心な天皇だった。

朝儀とは朝廷の儀式を指すが、財政難のため独力では執行(再興)できない儀式が多かった。そのため、朝廷は幕府に費用の援助を粘り強く働き掛ける。その結果、五

写真提供：上賀茂神社

代将軍綱吉の時代に大嘗祭が、八代将軍吉宗の代には新嘗祭が再興された。
十一代将軍家斉の時代には略式で再興されていた新嘗祭などの儀式が古い形式で再興される。名実ともに復古されたが、その分費用が掛かるのは言うまでもない。天明八年（一七八八）に御所が焼失した際には、焼失前の規模ではなく平安期の規模での再建（拡張）を幕府に認めさせたが、その時の天皇こそ光格天皇なのである。
賀茂両社と石清水八幡宮の臨時祭は朝廷が主宰者ではないが、勅使を派遣することから朝儀に準じるものと言えるだろう。いずれにせよ、臨時祭を執行できるか否かの鍵は幕府が費用を援助できるかどうかにかかっていたが、光格天皇は幕府に強く働き掛けて再興を実現する。そのための費用を負担させることに成功した。

こうした一連の朝儀復興の実績を受け、朝廷（天皇）の権威は上昇していく。そうしたなか、幕末には光格天皇の孫にあたる孝明天皇が登場する。

朝廷（天皇）の権威上昇をバックに、孝明天皇は幕府に攘夷の実行を強く求めた。天皇は激しい攘夷主義者だったのである。

⛩対外危機と朝廷権威の急上昇

朝廷（天皇）の権威上昇とは対照的に、幕末に入ると幕府の権威は天保改革の失敗など内政の混乱を受けて低下傾向にあった。そして、嘉永六年（一八五三）のペリー来航に象徴される外圧はその傾向に拍車を駆ける。以後、外圧に有効な対応が取れないまま、なし崩し的に開国したため権威は大いに失墜した。

安政五年（一八五八）、幕府は欧米諸国に押されて貿易も容認するが、これに待ったを掛けたのが攘夷論者の孝明天皇だ。天皇としては貿易（通商条約）を容認することで、日本の貴重な産物が輸出という形で国内から持ち去られることに我慢できなかった。歴代天皇に申し訳が立たない。だから、通商条約は容認できない。

一方、幕府は朝廷（天皇）を取り込むことで巻き返しをはかる。公武合体路線により幕府権威の復活を目指したが、その象徴こそ天皇の妹和宮を将軍家茂の御台所に迎えることであった。

幕府からの和宮降嫁の申し入れに対し、天皇は当初難色を示す。和宮には有栖川宮熾仁親王という婚約者がいたからだ。だが、降嫁を実現させたい幕府は天皇が激しい攘夷主義者であることに目を付ける。降嫁が認められれば、十年以内に欧米諸国と結んだ通商条約を破棄し、攘夷を実行（破約攘夷）すると約束したのである。天皇も幕府の申し出を容れ、和宮降嫁に許可を与える。

文久二年（一八六二）二月、和宮は江戸城大奥に入って家茂の御台所となるが、それは大きな代償を伴った。幕府は通商条約の破棄と攘夷の即時実行を朝廷から激しく督促されるようになり、政治的に追い詰められていったからだ。その背後には、国政進出を窺う長州藩や土佐藩がいた。

同年十一月、京都から勅使として江戸に下向してきた公家の三条実美は江戸城に登城し、攘夷の実行を求める勅旨を家茂に伝えた。十二月、家茂は三条に対し、攘夷の実行計画については上京して言上すると返答する。ここに、将軍の上洛が決定した。

翌三年（一八六三）三月四日、家茂は上洛して二条城に入るが、尊王攘夷を主張する志士や公家たちはこれ幸いとして、天皇に約束した破約攘夷を速やかに実行するよう激しく責め立てる。その期日を約束しなければ、江戸城に戻るのを認めない。

そのためには実力行使も辞さなかった。破約攘夷に反対する者たちを殺傷する事件まで起こしている。いわゆる天誅を実行することで幕府にプレッシャーを掛けた。

そんな折、天皇は家茂を御供させる形で賀茂両社に参詣するのである。

⛩ 賀茂社行幸と攘夷祈願

家茂が二条城に入ってから一週間後にあたる三月十一日、家茂を随行させた孝明天皇が賀茂両社に行幸するが、これは画期的な出来事だった。寛永三年（一六二六）に、時の後水尾天皇が御所を出て二条城に行幸して以来の行幸であったからだ。当時二条城には前将軍の徳川秀忠と三代将軍の家光がおり、将軍側が天皇を招いた形である。

行幸とは天皇が御所を出て外出することを指す言葉だ。この時代、火事が迫って御所が危うくなる場合などを除き、天皇が御所の外に出ることはなかった。幕府としては行動に制限をかけることで、諸大名による天皇の政治的利用を封じ込める意図があったが、幕末に入るとその懸念が現実のものとなる。

孝明天皇が攘夷主義者であることに目を付けた長州藩が、天皇の意思と称して破約攘夷を声高に唱える尊攘派公家たちの後ろ盾に収まり、政局の主導権を握ろうと目論んだからである。朝廷を牛耳った公家の三条実美たちをして、天皇の意向であるとして幕府に激しく攘夷の実行を督促させた。幕府が危険視していた天皇の政治的利用により、国政への進出をはかる。

その手段として、長州藩や尊攘派公家たちが企画したのが攘夷祈願のための賀茂社行幸だった。攘夷祈願を名目に天皇を御所の外に出すことで、攘夷実行の雰囲気を作り出そうとしたのである。家茂にも供奉を命じることで、攘夷期日の確約を渋る幕府にプレッシャーをかけた。

四月十一日には、石清水八幡宮に行幸している。同じく攘夷祈願のためであり、家茂は賀茂社行幸時と同様に供奉を命じられた。

しかし、家茂は前日になって風邪の発熱を理由に供奉を辞退する。朝廷やその背後にいる長州藩のペースに乗せられ、神前で攘夷の期日を確約させられてしまうことを危惧し、急病ということで供奉を避けたのだろう。

在京中の将軍後見職一橋慶喜が家茂の代りに供奉したが、天皇が参拝する段になると、慶喜は腹痛を申し立て参拝を回避する。神前で天皇が節刀を下賜するのではないかという噂が流布していたからだ。

節刀の下賜には、自分の代わりに攘夷を実行せよとの天皇の意思が込められていた。将軍代理の慶喜に下賜することで、攘夷決行の期日の確約を迫ろうとしている。慶喜はそう考え、直前になって天皇とともに参拝するのを避けたのである。

長州藩の攘夷決行

しかし、結局のところ幕府は朝廷に追い詰められ、五月十日を攘夷の期日にすると朝廷に約束してしまう。幕府としては朝廷への申し訳のため、そのポーズを示しただけだったが、本当に攘夷を実行した藩があった。

同日、長州藩は下関海峡を航行するアメリカ商船に砲撃を敢行したが、アメリカはすぐさま報復の砲撃を下関砲台に加える。賀茂社行幸を契機に高まった攘夷の気運は、欧米諸国との開戦危機を招くのである。

参考文献
安藤優一郎『幕末維新　消された歴史』日経文芸文庫、二〇一四年。

御《ご》霊《りょう》神《じん》社《じゃ》

なぜ応仁の乱前哨戦の舞台となったのか

⛩半日で終った応仁の乱の前哨戦

応仁の乱というと、京都を戦場に十年以上続いた戦いとして歴史教科書で必ず取り上げられる。室町時代から戦国時代への橋渡しの役割を担った戦いだが、細川勝元率いる東軍と山名宗全率いる西軍が全面戦争に突入する前、同じく京都で前哨戦の戦いがあったこと

所在地	京都市上京区上御霊前通烏丸東入上御霊竪町495
主祭神（本殿）	崇道天皇（すどうてんのう）・井上大皇后（いのえのおおひきさき）・他戸親王（おさべしんのう）・藤原大夫人（ふじわらのたいふじん）・橘大夫（たちばなのたいぶ）・文大夫（ぶんのたいぶ）・火雷神（からいしん）・吉備大臣（きびのおとど）
創　建	貞観5年（863）

はあまり知られていない。

上御霊社の戦いと呼ばれる戦いである。神社が戦場になったのだ。上御霊社の戦いをきっかけに、各地で両軍が戦闘状態に入り、京都に飛び火する形ではじまったのが応仁の乱なのである。

前哨戦の舞台となった上御霊社の戦いから、応仁の乱の背景に迫る。

⛩皇位をめぐる争いから生まれた御霊神社

上御霊社は、京都市上京区に鎮座する上御霊神社のことである。下御霊神社も別に鎮座しているため上御霊神社と称されるが、正式名称は御霊神社だ。

祭神は桓武天皇の関係者が多い。父光仁天皇の皇后井上内親王、弟の他戸親王、早良親王たちだが、いずれも皇位をめぐる争いで失脚した皇族である。

宝亀元年（七七〇）、僧侶の道鏡に皇位を譲ろうとした女性天皇の称徳天皇が崩御すると、右大臣藤原永手たちは天智天皇の孫にあたる白壁王を天皇の遺詔と称して立太子させる。白壁王は即位して光仁天皇となり、これを機に皇統は天武天皇系から天智天皇系に移る。

光仁天皇は皇后井上内親王の間に儲けた他戸親王を皇太子としたが、井上内親王が謀反の嫌疑を掛けられて皇后の地位を追われたことで、他戸親王は廃される。代って、天皇が百済系渡来氏族である高野新笠との間に儲けた山部親王が皇太子となった。

天応元年（七八一）に光仁天皇は崩御し、皇太子の山部親王が即位する。桓武天皇の誕生だ。父光仁天皇の意向に基づき同母弟の早良親王が皇太子に定められていたが、ある事件をきっかけに廃される。事件が起きたのは延暦四年（七八五）のことである。

当時、天皇は大和の平城京から山城の長岡京への遷都準備を進めていたが、九月二十三日の夜、長岡京造営の長官藤原種継が殺害される。遷都への反発が背景にあった。

激怒した天皇は種継殺害に関係する貴族たちを捕縛したが、取り調べの過程で天皇を廃して早良親王を即位させる計画が練られていたことが発覚する。

その真偽は定かではないが、早良親王は廃太子となり、天皇の皇子安殿親王が皇太子に立てられた。後の平城天皇である。桓武天皇は藤原種継の暗殺事件を利用するこ

御霊神社

とで、自分の子に皇位を継がせたい念願を果たした格好だった。

なお、長岡京遷都は中止され、同じ山城国の平安京へ遷都となる。延暦十三年（七九四）のことである。

一方、早良親王は淡路に流されることになったが、親王は憤激の余り食を断ち、この世を去る。その後、桓武天皇の妃たちが相次いで病死し、皇太子安殿親王も病に苦しむようになった。疫病も流行り、洪水なども頻発する。

一連の災いを、人々は早良親王の祟りと噂した。桓武天皇により廃太子となったことへの恨みが、天皇の近親者に災いとして及び、天変地異まで引き起こしたというわけだ。そのため、朝廷は早良親王の霊を慰める儀式を執り行い、ついには崇道天皇という称号まで贈る。

この頃には、死者の怨霊を慰めるための祭りが御霊会として執り行われるようになっていた。そうした流れのなか、恨みを残して世を去った人々を祭神として京都に祀る動きが生まれる。

ここに、早良親王をはじめ、失脚した皇族や貴族を祀る上・下御霊神社が創建された。

⛩応仁の乱前夜の京都

桓武天皇により都と定められた京都は、政治の実権が武家に移った後も政局の舞台であり続ける。特に室町時代は京都に幕府が置かれたことで、政局をめぐる争いは激しさを増す。

ついには、将軍が殺害される事件まで起きる。嘉吉元年（一四四一）六月二十四日、守護大名の赤松満祐のため六代将軍足利義教は謀殺された。守護大名に将軍が討たれるという前代未聞の事態を受け、将軍権威の失墜は避けられなかった。

義教の跡は息子の義勝そして義政が継ぐが、二十歳にも満たない少年であり、おのずから、政局の主導権は家臣にあたる守護大名が握る。

もともと、室町幕府は有力守護大名の連合政権的な性格を有しており、どうしても彼らの意思に左右される弱さがあった。まして将軍が若ければ、主導権を守護大名たちに奪われるのは当然の成り行きだった。

となると、政局の主役となった守護大名どうしの争いは激しさを増す。のみならず、守護大名家内部も家督相続をめぐる争いが頻発していた。こうした争いが重なり合った結果、応仁の乱が勃発するのである。

応仁の乱というと、将軍義政の継承をめぐって子の義尚と弟義視が争い、双方に守護大名が味方して東軍・西軍として激突した戦いのイメージが強い。

しかし、その実態は有力守護大名畠山家の家督をめぐる畠山政長と畠山義就の争いが京都に持ち込まれ、双方に守護大名が加勢することで拡大した戦いだった。政長に加勢した大名たちの盟主が細川勝元で、義就に加勢した大名たちの盟主が山名宗全という図式だ。主役は守護大名たちなのである。

応仁の乱前夜、畠山家の家督を継いでいたのは政長の方だ。当時、政長は将軍のもとで政務を総括する管領職に就いていた。幕府№2の実力者のはずだったが、文正二年（一四六七）に入ると、突然失脚する。

正月二日、西軍の盟主となる山名宗全たちの働き掛けにより、将軍義政は政長から管領職を取り上げ、宗全と気脈を通じる守護大名の斯波義廉を管領に任命した。政変に他ならない。畠山家の家督も取り上げ、対立する義就に継がせた。

政長を支持する勝元たちを出し抜く形で、義就の後ろ盾となっていた宗全が京都に軍勢を速やかに集結させたことが決め手となった。その軍事力を背景にした働き掛けに屈する形で、義政は政長を管領職から外し、家督も義就に継がせたのである。

同月十八日払暁、追い詰められた政長は屋敷に火を放ち、洛北の上御霊社に立て籠もった。近くには頼みとする勝元の屋敷もあり、義就が攻めてきた時は味方してくれるはずと考えたわけだ。

しかし、政長の読みは外れる。単独で戦うことを強いられる。

⛩ 戦場となった上御霊神社

政長が上御霊社に立て籠もったのは、その立地環境も理由だった。南は相国寺の藪と堀、西は細川家の屋敷であったため、攻め口は北と東に限られた。その上、境内は御霊林と呼ばれたほどの林であり、攻め手の側からするとたいへん攻めにくい。そうした立地環境を駆使しようと目論む。

だが、宗全は義廉や義就と連携し、将軍義政のいる御所（室町第）の警備を固めた。政長を支持する勝元たちが御所に入れないようにするとともに、後土御門天皇や後花園上皇たちも迎え入れてしまう。この日の午後二時のことだった。

これにより、宗全たちは将軍のみならず、天皇まで味方に引き込んだ形だった。一言で言うと、官軍である。

勝元が政長に加勢して宗全たちと戦火を交えた場合、天皇がその手の内にある以上、朝敵（賊軍）に転落する恐れがあった。そんなリスクを冒してまで政長に加勢することはできない。将軍義政からも、政長に加勢してはならないと厳命されていた。政長は単独で戦うことを余儀なくされる。

勝元側の動きを封じ込めた宗全側は、義就が軍勢を率いて仇敵政長の籠る上御霊社に向かう。午後四時のことである。

上御霊社での戦いは、双方に多数の死傷者を出す激しい戦いとなるが、単独で戦う政長に勝ち目はなかった。御霊社の拝殿に火を放ち、相国寺の藪をくぐって戦場を離脱する。密かに勝元の屋敷に匿われたという。

この戦いは表向き畠山家内の争いだったが、政長の背後にいる勝元と義就の背後にいる宗全の代理戦争でもあった。政長を見殺しにしてしまった形の勝元は捲土重来を期す。

三月五日、朝廷は元号を文正から応仁に改元したが、五月に入ると、各地で勝元側の大名が宗全側の大名と戦闘状態に入る。そして、軍勢を京都に集結させた勝元側が宗全側に先制攻撃を仕掛け、市街戦がはじまった。五月二十六日のことである。

十一年にも及ぶ応仁の乱の幕開けだった。

⛩戦国時代の幕開け

このように、応仁の乱の原因を辿ると畠山家の家督をめぐる争いに行きつく。家督争いが京都に持ち込まれたことで起きたのが上御霊社の戦いだった。戦いは半日ほどで終わり、戦場も上御霊社の境内に限定されたが、その影響は大きかった。応仁の乱の導火線となったからである。そこに、将軍職継承をめぐる争いは見えない。主役は守護大名だった。

応仁の乱では公家や大名など武家の屋敷の多くが焼失するが、神社や寺院もその難から逃れることはできなかった。京都は焼け野原となるが、上御霊神社はその前哨戦で戦火に遭った最初の神社でもあった。

上御霊神社はそんな応仁の乱の背景と前史を今に伝える神社なのである。

参考文献
石田晴男『戦争の日本史九　応仁・文明の乱』吉川弘文館、二〇〇八年。

愛宕《あたご》神《じん》社《じゃ》

なぜ明智光秀は本能寺の変の前に参拝したのか

⛩本能寺の変前夜の参拝

京都の愛宕山に鎮座する愛宕神社は、織田信長配下の武将明智光秀が本能寺の変の前に参拝したことで知られている。

時は天正十年（一五八二）五月二十七日。

光秀は京都にほど近い愛宕山に登り、愛宕神社に参詣した。

それから四日目にあたる六月二日の払暁、光秀は信長が宿泊す

所在地	京都市右京区嵯峨愛宕町1
主祭神（本殿）	伊弉冉尊（いざなみのみこと）・埴山姫神（はにやすびめのかみ）・天熊人命（あめくまどのみこと）・稚産霊神（わくむすびのみこと）・豊受姫命（とようけびめのみこと）
創　建	大宝年間（701～704）

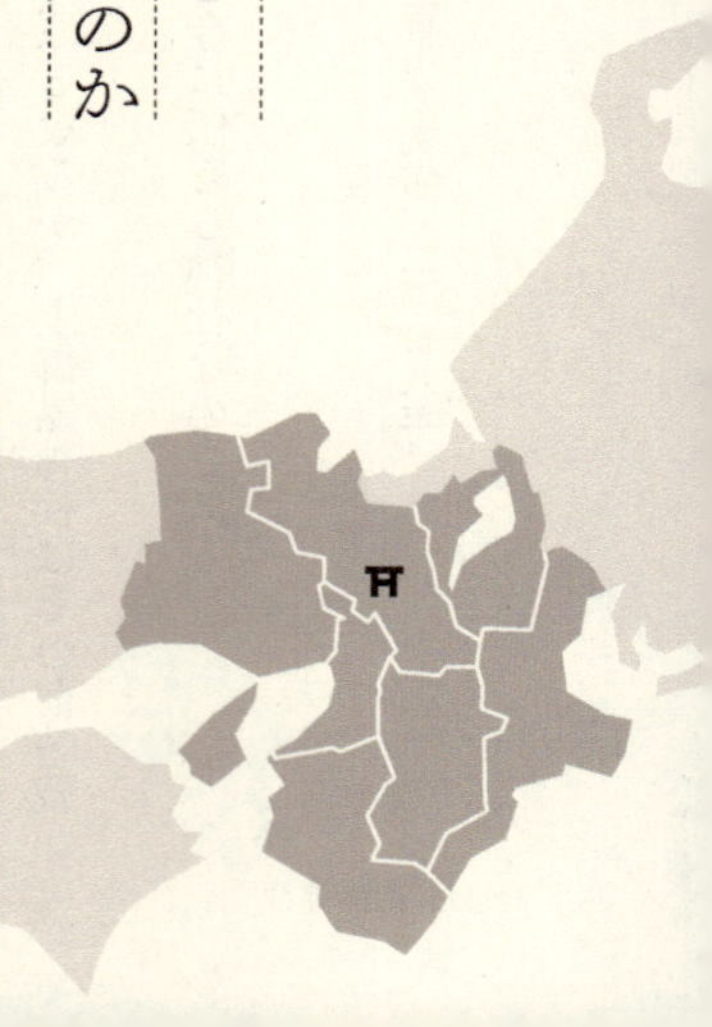

る本能寺を襲撃した。

なぜ、光秀は愛宕神社に参拝したのか。何を祈ったのか。

愛宕神社から本能寺の変の背景に迫ってみる。

⛩愛宕神社の本地仏・勝軍地蔵

京都市の北西部に、標高九二四メートルの愛宕山がそびえ立っている。その山頂に鎮座するのが愛宕神社だ。創建は奈良時代直前の大宝年間（七〇一～四）のこととされる。

愛宕神社は防火に御利益のある神社として知られたが、修験場としての顔も持っていた。修験道（修験宗）とは、山に超自然的な威力を認める山岳信仰と仏教が結びつくことで生まれた日本仏教の一派で、山中での修行を通じて呪力を獲得するものである。その修業場こそ修験場だった。

奈良時代以降、日本では神仏習合思想が広まっていた。

神仏習合とは、日本固有の神の信仰と中国大陸伝来の仏教信仰を折衷して融合・調和させることを指す言葉である。日本の神は仏が姿を変えたものとする本地垂迹説などは、その代表的な思想だ。修験道も神仏習合の流れから登場した。

愛宕神社でも神仏習合の流れのなか、愛宕大権現を祀る白雲寺が建立される。権現とは仏が化身して日本の神として現れることであり、神仏習合に基づく神号でもあったが、愛宕大権現の本地仏が勝軍地蔵とされていた。戦勝を祈願する武士にとり、たいへん魅力的な地蔵だった。

すなわち、勝軍地蔵が垂迹（化身）したのが愛宕大権現と規定されたことで、愛宕神社は軍神を祀る神社として武将たちから厚い信仰を集める。庶民にとっては防火の神様、武士にとっては戦勝祈願の神様として厚く敬われていく。

愛宕神社は京都がある山城国と丹波国の境に位置する愛宕山に鎮座したが、本能寺の変の頃、京都を掌中に収めていたのは「天下布武」の名のもと、天下統一を目指していた織田信長である。丹波国を支配したのが、信長配下の有力武将の明智光秀だった。

⛩愛宕山に向かう明智光秀

明智光秀は謎の多い人物である。生まれた年にも諸説があるが、享禄元年（一五二八）、あるいは永正十三年（一五一六）説がある。前者ならば五十五才、後者ならば六十七才の時に本能寺を襲撃したことになる。その年が享年だが、いずれにせよ信長よりも年上である。

最初から信長に仕えていたわけではなく、中途入社の家臣だった。美濃源氏の土岐氏の流れを汲む武士で、信長の援助を受けて将軍の座に就いた足利義昭に仕えていたが、信長と義昭が袂を分かつと、義昭のもとから去り信長の家臣として台頭する。

信長配下の有力武将として各地を転戦し、武功を挙げた。京都にも近い丹波の平定で軍功を挙げ、丹波一国を与えられる。そのほか、近江国の志賀郡も与えられた。丹波と近江一郡を支配する光秀は直属の家臣のほか、信長の家臣も軍事指揮下に置いていた。丹後の領主細川藤孝、大和の領主筒井順慶、山城の国衆たちである。都合二〜三万の軍勢を動員できる力があった。

本能寺の変の前、光秀は信長の命を受けて甲斐の戦国大名武田勝頼討伐の軍勢に加わる。武田家には信玄の頃の勢威はなく、信長は家督を譲っていた嫡男信忠をして討伐軍の指揮を執らせた。

信長が光秀たちを率いて甲斐国に入る前に、信忠率いる織田軍に包囲された勝頼は自害して果て、武田家は滅亡した。天正十年三月十一日のことである。

この甲州攻めで光秀は武功を挙げることはできなかったが、安土城に凱旋した信長からは別の役目が命じられた。友軍として甲州攻めに加わった徳川家康を接待することだった。家康は武田家滅亡により、その旧領駿河国を信長から与えられていた。よって、信長への御礼と甲州攻めの戦勝祝いを兼ね、五月十五日に家康が安土城にやって来ることになっており、その接待に当たるよう命じられる。光秀は京都や堺から山海の珍味を取り寄せるなど、贅を尽くして家康を歓待した。

ところが、突然接待の任務が解かれる。中国地方を支配する毛利家と対峙していた配下の羽柴秀吉から援軍の要請が飛び込んできたからだ。秀吉は毛利方の備中高松城に対して水攻めの最中だったが、当主の毛利輝元が叔父の吉川元春と小早川隆景を率いて援軍に駆け付けてきたのである。

秀吉の要請を受けた信長は自ら中国に向かい、さらには九州まで攻め込もうと考える。そのため、光秀は接待の任を解かれて中国へ出陣することになった。同二十六日、丹波の亀山城に入って出陣の準備に取り掛かる。

そして、翌二十七日に亀山城を出て愛宕山に登る。

⛩信長襲撃を決意する光秀

愛宕神社の神前に額づいた光秀は、二度三度籤を引いた。

その日は愛宕山に宿泊し、翌二十八日、当代きっての連歌の宗匠里村紹巴たちを招き、境内の西坊威徳院で連歌会を主催している。連歌とはあるテーマに基づいて参加者が連続して和歌を詠むことだが、光秀が詠んだ発句は次のようなものだった。

ときは今　あめが下知る　五月哉

土岐氏の一族たる自分が天下（「あめが下」）を治める五月、という意味がこの句には込められていたとされる。天下人への道を進んでいた信長を倒し、代わって自分がその地位に就く決意が詠み込まれているというわけだ。

出陣に際して、武将が戦勝祈願のため愛宕神社に参詣したり、同じ目的のもと連歌会が催されるのは別に珍しいことではなかった。しかし、光秀は毛利家との戦いではなく、信長との戦いで勝利を収めることを祈っていた。神前で籤を引いたのも、吉を引いてその気持ちを固めるためだった。

亀山城に戻った光秀は、六月一日夕刻に軍勢を整えて出陣するが、その直前、斎藤利三たち重臣に重大な決意を伝える。京都の本能寺に宿泊している信長を討つ。

中国への出陣のため、信長は安土城を出て本能寺にいた。信忠も近くの妙国寺に滞在していた。いずれも、わずかな供回りである。光秀はこれを千載一遇の好機として、夜行軍で京都へ向かう。翌二日払暁、京都市中に雪崩れ込み、本能寺そして妙国寺を襲った。

光秀の軍勢が一万を越えていたのに対し、信長の供回りは百人ほどに過ぎず、勝敗は明らかだった。信長は自害して果てる。一方、信忠は皇太子誠仁親王を脱出させた上で、その住居である二条御所に立て籠もった。だが、同じく多勢に無勢であり、信長の跡を追う。

この本能寺の変については、動機や黒幕に関する論争が今なお続いている。

動機については、信長に対する怨恨、信長の家臣であることへの不安といった説が唱えられる一方で、黒幕については朝廷、室町幕府最後の将軍足利義昭、イエズス会、そして秀吉関与説まで飛び出している。

しかし、動機については四国の処置をめぐる対立説が最も有力とされる。光秀とその重臣斎藤利三が信長の処置に強く反発し、その打倒に討って出たのだという。そもそも黒幕などおらず、光秀単独での襲撃というのが研究史の主流である。

信長の天下統一事業で、四国を担当したのは光秀だった。土佐国の戦国大名長宗我部元親との窓口になり、光秀が間に立つ形で信長と元親は友好関係を保っていた。ところが、元親が四国全土を統一する勢いになると、信長はそれを良しとせず、その領国を土佐と阿波半国に限ろうとする。当然ながら元親は強く反発し、窓口の光秀は窮地に追い込まれる。利三も長宗我部氏とは縁戚関係にあり、信長の方針に反発した。

結局、信長と元親は手切れとなり、信長による四国攻めがはじまる運びとなる。光秀は担当から外され、信長の三男神戸信孝と重臣丹羽長秀が四国に向かうことも決まった。六月二日に大坂を出陣する予定だったが、まさにその日、光秀は本能寺を襲撃する。

それまでの長宗我部氏との友好関係に苦慮し、さらには信長がわずかの供回りで本能寺に宿泊していたという千載一遇の機会を得たことで、光秀主従は襲撃に及んだ。そして討ち取ることに成功したという見立てだ。愛宕神社への戦勝祈願が叶った格好であった。

⛩歴史は繰り返す

愛宕神社は全国に数多くの分社があるが、江戸にも勧請された。江戸で一番高い山だった愛宕山に今も鎮座している。

江戸の愛宕神社は幕末史の舞台にもなる。安政七年（一八六〇）三月三日、江戸城桜田門外で大老井伊直弼の登城行列が襲撃を受けた（桜田門外の変）。その主力は水戸藩を脱藩した浪士たちだが、襲撃の前に愛宕神社に参詣している。襲撃が成就して井伊大老を討ち果たすことを祈願したのだ。戦勝祈願に他ならない。

愛宕神社への祈願が叶う形で、浪士たちは本懐を遂げる。この日より幕府の権威は失墜の一途を辿り、十年も立たずして幕府が倒れる。本能寺の変と同じく、時代を一変させた大事件だった。

歴史は繰り返されたのである。

参考文献
谷口克広『検証　本能寺の変』吉川弘文館、二〇〇七年。

平《へい》安《あん》神《じん》宮《ぐう》

なぜ明治に入って平安神宮が創建されたのか

⛩京都の苦難の歴史を物語る平安神宮

京都は古い社寺が鎮座するシンボルのような街だが、明治も中頃になってから創建された神社もある。平安神宮だ。祭神は平安京を造営した桓武天皇と、平安京最後の天皇・孝明天皇（明治天皇の父）である。

桓武天皇が長岡京より遷都してから千年以上もの間、京都は天皇

所在地	京都市左京区岡崎西天王町97
主祭神（本殿）	桓武天皇（かんむてんのう）・孝明天皇（こうめいてんのう）
創　建	明治28年（1895）

の住む都であったが、明治に入ると天皇は東京に移る。その後、京都はたいへん寂れ、苦難の歴史を歩むことになった。

明治政府も京都の窮状を座視できず、様々な復興策を打ち出すが、その流れのなか創建されたのが平安神宮なのである。

平安神宮創建の歴史を通じて、明治維新後の京都復興の歩みに迫る。

⛩社会不安が深まる京都

鎌倉幕府の開府後、天皇を戴く朝廷から武家へと政権が移る。室町幕府は京都に置かれたものの、江戸幕府は鎌倉よりも京都から遠い江戸の地に置かれた。参勤交代制を背景に、江戸は全国の諸大名が定期的に住む城下町となり、人口も百万を超える世界最大級の都市に発展した。

ところが、ペリー来航後は政局の舞台が江戸から京都へと移る。幕府権威の低下とは対照的に、天皇（朝廷）権威が急浮上したことが背景にあった。

政局の舞台が移ったことで、人口も急増する。将軍や諸大名が上洛することで大勢の幕臣や藩士たちも住みはじめたからだ。これに、諸国から集まってきた尊王攘夷の志士たちも加わる。

人口が増加したことで、京都の経済は活性化する。その分、人口が減少した江戸は経済不況に陥った。やがて幕府は倒れ、天皇をトップとする明治政府が京都に樹立されたが、維新を境に京都の人口は減少傾向に入る。

事実上の東京遷都により太政官などの政府機関が移転し、諸大名も京都を離れて江戸改め東京、あるいは国元に戻ったからだ。公家も次第に東京へ移り住むようになる。

そのため、幕末には七万戸を数えた京都の人口は、明治に入ると六万戸を切る。御所の周りを取り囲むように広がっていた公家の屋敷も空き家となる事例が続出し、売りに出される始末であった。

もちろん京都に残った公家もいたが、総じて生活難に苦しむ。摂政や関白に任命される家格たる五摂家の一つ鷹司家などは油商売をはじめる。武家の商法ならぬ公家の商法が京都では展開されたが、失敗して零落するのが関の山だった。

鷹司家でさえ生活のため商売をはじめたぐらいであるから、他の公家などは推して知るべしだ。京都で暮らしていけないため、結局は心ならずも東京に出ざるを得ない。

ますます人口の減少傾向に歯止めがかからない悪循環に京都は陥る。

となれば、景気の悪化は避けられない。天皇や公家からの需要に応える形で町人たちは生業を成り立たせていたが、出入先が消滅した以上、京都を去る商人や職人は跡を絶たなかった。京都を本拠に呉服商と両替商を営んできた三井家などの豪商も例外ではなく、東京へ拠点を移していく。

京都の伝統産業の象徴だった西陣も大打撃を受ける。西陣と言うと高級織物のイメージが強いが、最大の得意先は天皇や公家たちだった。京都から天皇や公家が去ればどうなるかは、火を見るよりも明らかだろう。そうした事情は、他の手工芸品についても同様である。

景気が悪くなれば社会不安が増幅する。明治四年（一八七一）には、武力をもって天皇の京都還御を実現させる計画まで発覚した。首謀者は公家の外山光輔と愛宕通旭だが、京都衰退の現状を打開しようという意図も秘められた企てだった。

こうして、京都の経済復興は焦眉の政治課題となる。

⛩京都府の経済復興策

歴史教科書では定番の記述だが、明治政府は近代化の名のもと殖産興業に力を入れる。欧米諸国から機械を輸入し、技術者も雇い入れ、あるいは留学生を派遣することで欧米の産業技術を日本に根付かせようとはかる。

こうした殖産興業策を全国の府県に先駆けて推進したのが、実は京都府だったことはあまり知られていないに違いない。政府も京都府の勧業政策を強力にバックアップした。

明治二年（一八六九）四月、政府は勧業基立金として十五万両を京都府に貸与したが、翌三年（一八七〇）二月には返済義務のない産業基立金十万両を別に下賜した。俗にお土産金とも称された基金だ。京都府は政府から下付された両基立金の運用により、殖産興業を積極的に推進する。

京都府の勧業政策は、外来産業の導入と伝統産業の振興が二本の柱となっていた。

外来産業の導入については、三年十二月に長州藩の旧河原町屋敷跡に設置された舎密局が中心となる。舎密局では薬剤、石鹼、ガラス、ビール、漂白粉などの生産、印刷・写真技術の研究、水の分析などがおこなわれた。化学試験場のような機関だった。

四年（一八七一）二月十日には、舎密局の隣に勧業場が設置される。勧業場内には府の勧業課が置かれ、貿易の奨励、物産の陳列、資金の融通、そのほか新事業の企画や監督など勧業にかかわる一切の事務を執った。勧業場には養蚕場、製糸場、製靴場なども置かれ、欧米の最新技術の導入がはかられた。

伝統産業の振興については、「東京遷都」で大打撃を受けた西陣織物業に対する振興プロジェクトが挙げられる。西陣物産会社の設立である。

西陣物産会社は産業基立金を活用する一方、西陣の織工を絹織物業の盛んなフランスに留学させた。フランスの最新技術を修得させ、織物業の技術革新をはかる。織工たちは帰国すると、京都府が設立した織工場で技術指導をおこなった。

こうした技術革新により息を吹き返した西陣織は品質を向上させ、海外に販路を見い出す。西陣織だけではない。陶磁器や漆器類も同様だった。一連の技術革新により、京都の伝統産業は海外に販路を確保して復活を遂げていく。

四年から十年までは、本願寺などを会場に博覧会が毎年開催された。勧業意欲を高めることが目的であったため外国製品も出品され、技術交流がはかられている。

しかし、一連の勧業政策にも拘らず、京都は経済不況、人口の低落傾向から脱せなかった。京都が本格的に活気を取り戻すのは、琵琶湖疏水工事が着工される明治十八年（一八八五）前後とされる。

京都復興の道のりは長かったのである。

国際観光都市京都を目指した岩倉具視

政府首脳のなかで、こうした京都の現状を最も憂いたのは公家出身の岩倉具視であった。

活気を失った京都の状況を象徴するかのように、主を失った京都御所も荒廃が進行していった。明治十年頃から、宮内省が御所の保存に乗り出したほどだった。

同十六年（一八八三）一月、岩倉は「京都皇宮保存ニ関スル意見書」を建議し、京都再生について様々な提案を行っている。

前文では、平安京つまり京都の美や風俗は海外からも称揚されている。その象徴たる御所を保存して京都の経済復興を果たすには、外国人をして何度でも京都を訪れた

写真提供：平安神宮

いと思わせる手法を施さなければならないと主張した。いわば、京都の国際観光都市化を唱えたのである。

具体的には、「即位の礼」「大嘗祭」「立后」という皇位継承の三大儀礼を京都で行うよう提案した。そのほか、皇室の秘宝を収蔵する宝庫を築造して拝観を許可することや、御所・御苑の公開も提案している。

同年五月、岩倉は自ら京都に向かい御所の保存を進めようとするが、既に病に侵されており、病状が悪化する結果となる。

東京に戻った岩倉は同年七月に死去するが、この意見書に込められた京都再生計画の大半は実現の運びとなる。

例えば、即位の礼や大嘗祭は京都で執り行

うことが皇室典範で定められた。皇室の秘宝を収める宝庫についても、帝国京都博物館（現京都国立博物館）の建設という形で実現を見る。

そして、明治二十八年（一八九五）に「平安遷都千百年紀念祭」が京都で開催されることが決まった。平安京を造営した桓武天皇の功績を讃える趣旨の祭典だったが、その準備の過程で平安神宮の創建計画が持ちあがるのである。

⛩平安時代の御所が復元される

平安遷都千百年紀念祭は京都復興の起爆剤になることが期待されていたが、同じ年には第四回の内国勧業博覧会という国内外に向けたイベントの開催も予定されており、京都の経済界や市民たちの期待はいやが上にも高まる。

さらに、遷都千百年を記念した施設が神社という形で京都の岡崎の地に造営されることも決まる。それも、平安京の正庁・朝堂院を八分の五の規模で再現するという企画だった。遷都当時の御所の一部を復元させることで、かつての京都の威容を後世に伝えようとしたのだ。伝統もキーワードに、京都再生に取り組もうという政府の意図が読み取れるだろう。

そして、祭神として祀られるのは平安京の生みの親・桓武天皇だった。皇紀二千六百年にあたる昭和十五年（一九四〇）には、孝明天皇も祭神に加えられる。

現在、京都は維新後の苦難を乗り越え、岩倉具視が目指した国際観光都市としての地位を確固たるものとした。その過程で造営された神社が、御所を模した平安神宮だった。京都再生の歴史を後世に伝えることになった神社なのである。

参考文献
佐々木克『江戸が東京になった日』講談社選書メチエ、二〇〇一年。

橿《かし》原《はら》神《じん》宮《ぐう》

なぜ明治に入って橿原神宮が創建されたのか

壬申の乱

大化の改新を推進した中大兄皇子こと天智天皇が崩御すると、皇位継承をめぐって大友皇子（弘文天皇）と大海人皇子（天武天皇）の間で戦争が起きる。壬申の乱である。

大海人皇子は近江の大津京を離れて大和の吉野に隠棲していたが、自分を討とうという朝廷の意志を確認すると、挙兵を決意す

所在地	奈良県橿原市久米町934番地
主祭神（本殿）	神武天皇（じんむてんのう）・媛蹈韛五十鈴媛命（ひめたたらいすずひめのみこと）
創　建	明治23年（1890）

る。六七二年六月二十二日のことであった。出陣に際し、大海人皇子は神武天皇陵に武器を奉献して勝利を祈る。そして、大友皇子との戦いに勝利した。翌六七三年二月、即位して天武天皇となる。

その後、神武天皇陵は歴史の表舞台に登場しなくなるが、幕末に入ると俄然注目されはじめる。明治に入ると、近くに橿原神宮が創建された。

橿原神宮創建の歴史を通じ、神武天皇が近代国家でどのように位置付けられていたかを明らかにする。

⛩幕府による神武天皇陵の修築

近畿地方には天皇陵が数多くみられるが、時代が下り、その上朝廷の力が落ちていくと荒廃が目立つようになる。

江戸時代、幕府は朝廷の要請を受けて、五代将軍徳川綱吉の時代より天皇陵の修復をおこなっている。朝廷には修復できるほどの財力はなかったからだ。

幕末に入ると、幕府は天皇陵修復にたいへん力を入れるようになる。当時の政治情勢の急変が背景にあった。

ペリー来航以来の外圧に有効に対応できなかったことに加え、内政の混乱も相まって幕府の権威は失墜していく。対照的に天皇（朝廷）の権威は急浮上するが、幕府は朝廷との結び付きを強めることで、巻き返しを模索する。孝明天皇の妹和宮を十四代将軍家茂の御台所に迎えたことに象徴される公武合体運動である。

その一環として、幕府による天皇陵の修復が持ちあがる。和宮が降嫁したのと同じ文久二年（一八六二）に山稜奉行が新設され、修復・管理に当たることになった。奉行に任命された宇都宮藩戸田家の家老間瀬（戸田）忠至は、並行して陵墓の調査も進める。その過程で、壬申の乱にも登場した神武天皇陵の場所が確定する。翌三年（一八六三）二月十七日、大和国高市郡の畝傍山の北東にある「ミサンザイ」が神武天皇陵であるという勅裁が下された。

五月より、修復工事が大々的に開始される。津藩主藤堂高猷は大和の長谷渓の石材、大和郡山藩主柳沢保申は松材を献納するなど、近隣の諸藩も修復に協力した。竣工したのは十二月のことである。

当時、天皇陵修復費の見積もりが平均五百五十五両のところ、神武天皇陵には約三十倍の一万五〇六二両の予算が掛けられている。天皇陵修復のメインは神武天皇陵だったことが分かる。修復された陵墓には鳥居や参拝所も設置され、神社のような空間が造り出されていく。

すなわち、万世一系の皇統の始祖は神武天皇であるという見解が神武天皇陵の大修復により明示されたのだ。この「神武創業」というスローガンのもと、慶応三年（一八六七）十二月に朝廷は王政復古の大号令を発する。天皇をトップとする明治新政府が樹立されたのである。

⛩陵墓と大和三山の神聖化

明治五年（一八七二）十一月、政府は神武天皇の即位日を日本の紀元と定め、国家の祝日とした。太陽暦が導入された翌六年（一八七三）十月には、即位日を紀元節と改め、毎年二月十一日を紀元節とする。二月十一日を紀元節として祝うようになったのは、七年（一八七四）からである。

神武天皇は天皇陵近くにあった橿原宮で即位したが、太陽暦で言うと、その日は紀元前六六〇年二月二十一日にあたっていた。よって、紀元前六六〇年を日本の紀元とし、皇紀元年と定める。

神武天皇陵で執り行われていた祭典は、明治三年（一八七〇）より親祭に指定される。天皇自ら祭式を執り行う祭典となり、毎年勅使が派遣された。

同十年（一八七七）一月、明治天皇は横浜港から海路上方へと向かった。父孝明天皇は慶応二年（一八六六）十二月に崩御したが、それから十年が経過したとして、京都で十年祭が執り行われることになったからである。

孝明天皇陵は、京都市東山区にある真言宗泉涌寺内にあった。泉涌寺には四条天皇以後の歴代天皇の陵墓が置かれており、皇室の菩提所として「御寺」と呼ばれた。天皇は京都に行幸した際、神武天皇陵にも詣でている。自ら祭式を執り行ったが、今回の大和行幸は天皇陵が整備される契機にもなった。

例えば、この年に勅使館と勤番所が設置されている。親祭などのために派遣された勅使の滞在所と、天皇陵の警備にあたる者の詰所が設けられたのだ。翌十一年（一八七八）には、陵墓が宮内省のみの管轄となる。

幕末には陵墓に鳥居・灯籠・拝所が設けられていたが、十七年（一八八四）に「兆域」が定められ、「標杭」も打たれたことで墓域が明示された。十八年（一八八五）には拝所前の広場が砂利で敷き詰められ、松や檜などの植樹もはじまる。十九年（一八八六）には、墳丘にも松の樹が植えられた。

神武天皇陵の整備とともに、陵墓のあった畝傍山に加えて耳成山や天香具山などの大和三山も変貌を遂げる。かつて、大和三山は農民たちが芝や肥料を取るため自由に出入りした民有地あるいは入会山だったが、御料地化が進む。皇室の土地にするため、民有地は買い上げられ、共同利用地の入会山は収公されていった。

大和三山を御料地とした後は植樹が進められる。いわば万葉集で詠まれたような古代の世界が造られ、そうした景観の保存が目指されたのである。

⛩ 橿原神宮の創建

こうして、神武天皇陵が大和三山を含めて神聖な場に変身していく。神社造営の動きが生まれるのは時間の問題だった。

明治二十一年（一八八八）二月、奈良県会議員の西内成郷が畝傍村の字「タカハタ

写真提供：橿原神宮

ケ」の地を橿原宮阯に定めるよう建言する。畝傍山南東の山麓にあたる場所だが、神武天皇が即位した宮殿が置かれていたと主張としたのだ。

西内の建言がきっかけとなり、宮内省はこの地を買収して橿原御料地とする。翌二十三年（一八九〇）三月には、神武天皇と皇后の媛蹈鞴五十鈴媛命を祭神とする橿原神宮が創建される運びとなる。

その費用だが、社殿、境内の整備、神饌所、宝庫、社務所などの建設に計三万四千円も掛かっている。現在の貨幣価値に換算すると数億円だ。京都御所の内侍所と神嘉殿が橿原神宮の神殿として下賜され、宮内省から一万円が下賜され、国庫交付金として別に一万円が下付されたが、なお足りなかった。

よって、残りは全国からの献金で賄っている。当事者の奈良県も、県を挙げての献金運動を展開した。県民に寄付を募ったのだ。

初代宮司となった西内はガス燈六基を神社に献納したが、社務所が発行した境内図には洋装の参拝者が描かれている。意外にも、境内はハイカラな空間だったようだ。

橿原神宮が創建されたことで、神武天皇陵はさらに神聖な空間となる。神宮が参拝の場で、陵墓が荘厳な儀式の場という役割分担がはっきりしていく。

明治四十五年（一九一二）七月、明治天皇が崩御した。大正天皇が即位するが、即位の大礼に合わせて、大正四年（一九一五）より橿原神宮の拡張事業が開始される。この事業により、境内は三万六千六百坪にまで拡張された。

翌五年（一九一六）には、神武天皇二千五百年祭が畝傍山一帯で執り行われた。大正天皇と皇后は神武天皇陵で親祭を執り行った後、橿原神宮に参拝している。神宮の拡張事業と並行して、隣接する畝傍公園の整備も進められる。神宮前の家屋を移転するなどして四万坪にまで拡張され、神苑化が進行する。

このように、陵墓の整備や橿原神宮の創建にとどまらず、畝傍山など大和三山や畝傍公園を含めた神苑化が進められることで、万世一系の皇統の始祖は神武天皇であることが視覚化されていくのである。

紀元二千六百年祝典の開催

橿原神宮の創建そして整備の歴史からは、神武天皇を皇統の始祖として位置づけようとする政府の強い意志が浮かび上がってくる。そうした姿勢は、昭和十五年（一九四〇）に開催された紀元二千六百年祝典でも確認できる。

五年前の昭和十年（一九三五）に紀元二千六百年祝典準備委員会が設置されたが、記念事業計画では橿原神宮の拡張、神武天皇陵への参拝道路の改良などが掲げられていた。これにより、紀元二千六百年にあたる昭和十五年には明治神宮に習って約四万坪もの外苑が新設され、畝傍山麓の神武天皇陵・綏靖天皇陵から橿原神宮に至る神苑は約十二万坪に拡張された。

まさに、橿原神宮は神武天皇陵とセットの形で目覚ましく発展していった。

参考文献

高木博志『近代天皇制と古都』岩波書店、二〇〇六年。

熊《くま》野《の》三《さん》山《ざん》

なぜ皇族や公家たちの間で熊野詣が盛んになったのか

熊野本宮大社《くまのほんぐうたいしゃ》
熊野速玉大社《くまのはやたまたいしゃ》
熊野那智大社《くまのなちたいしゃ》

⛩世界遺産・熊野古道

世界遺産にも登録されている熊野古道とは、熊野三山への参詣道のことである。古代より熊野三山への参詣は盛んであり、俗に「蟻の熊野詣」と言われたほどだった。

さすがに天皇は参詣しなかったものの、譲位して

所在地	●和歌山県田辺市本宮町本宮1100 ●和歌山県新宮市新宮1 ●和歌山県東牟婁郡那智勝浦町那智山1
主祭神（本殿）	家津美御子大神（けつみみこのおおかみ）・熊野速玉大神（くまのはやたまおおかみ）・熊野夫須美大神（くまのふすみのおおかみ）・熊野夫須美大神（くまのふすみのおおかみ）
創　建	崇神天皇65年・景行天皇58年・仁徳天皇5年

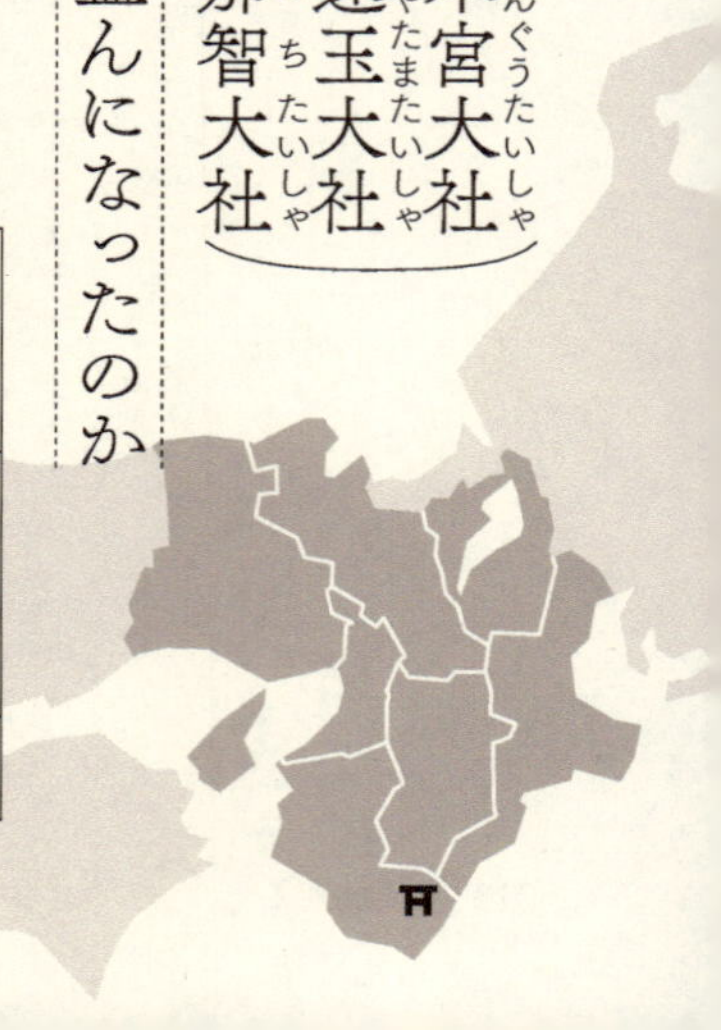

上皇（法皇）になると熊野に参詣する例が多かった。というよりも、院政を開始したと評価されている白河上皇（法皇）たち皇族が率先して熊野に参詣したことで、熊野詣が皇族や貴族の間で大流行するのである。やがて、武家や庶民の間にも広がっていった。

熊野詣の流行の歴史を追うことで、熊野三山が社会に与えた影響を検証する。

⛩熊野詣のはじまり

和歌山県東牟婁郡に鎮座する熊野三山は、熊野本宮大社（本宮）・熊野速玉大社（新宮）・熊野那智大社（那智）の総称であり、熊野三所権現とも称された。相互に二十〜四十キロほど離れており、もともとは別々の神を祀る社だったようだ。本宮は熊野座神（家津御子神）、新宮は熊野速玉神、那智は結神（夫須美神）を祀っている。

平安時代後期に入ると、三神が一体化して熊野三所権現と呼ばれるようになる。権現とは仏が化身して日本の神として現れることであり、熊野権現は日本固有の神の信仰と仏教信仰を折衷して融合・調和させる神仏習合に基づく神号だった。

仏は神が姿を変えたものとする本地垂迹説のもと、三神の本地仏は阿弥陀如来（熊野座神）、薬師如来（熊野速玉神）、千手観音（結神）であると説明されたのだ。つまり、阿弥陀如来にすがれば西方極楽浄土、薬師如来にすがれば東方瑠璃浄土、観音にすがれば補陀落浄土に往生できるとされたことが、人々を熊野詣に走らせる。

熊野三山は奥深い山間地域に鎮座していた。交通事情の悪い当時としては簡単にお詣りできる場所ではない。だが、それゆえに難行苦行を経て参詣すれば極楽浄土に往生すると信じられたわけだ。

こうして、熊野詣のブームが湧きあがる。そのブームのきっかけを作ったのは白河法皇だった。

皇族による熊野詣の嚆矢は、延喜七年（九〇七）の宇多法皇の参詣である。その後、寛和二年（九八六）に花山法皇が参詣したが、熊野詣の流行を牽引した白河上皇が参詣したのは寛治四年（一〇九〇）が最初だ。以後八回にわたって熊野に詣でている。

以後、鳥羽上皇（法皇）は二十一回、御白河法皇は三十四回、後鳥羽上皇は二十八回、熊野詣をしている。特に鳥羽上皇の時代には、熊野詣があたかも国家的な年中行事の観を呈する。複数の上皇や女院が参詣する「両院御幸」「三院御幸」まで登場し

写真提供：熊野本宮大社

たからである。

皇族や貴族による熊野詣は以下のような手順を踏むのが定番だった。

まず、参詣に先立ち精進する。加持祈禱を生業とする陰陽師に精進をはじめる日や方位を占わせるのだ。精進の期間は一週間ほどである。精進が終わると、白色の山伏衣裳を身にまとい、頭巾をかぶり、杖を持った姿で旅立つ。

京都を出た一行は船で淀川を下っていくが、その途次、石清水八幡宮、四天王寺、住吉大社に参詣している。その後は紀ノ川を渡って紀伊路に入り、田辺からは山道に入って本宮を目指した。

道中では、先達の修験者の指示に従

い、毎日出発前の朝と夜に水を浴び、髪を洗って祓いを行った。途中の川では水垢離、浜では塩垢離、温泉では湯垢離をするのが決まりだった。

上皇など皇族の場合は、輿に乗って熊野詣をするのが通例だが、熊野の神域の入り口とされた滝尻王子からは徒歩が原則である。王子とは熊野権現の分霊を祀る場であり、奉幣など神仏混淆の儀礼、神楽・白拍子舞などの法楽が催された。王子の前で法楽を催すことで、熊野権現と慣れ親しみ、その心を慰めて権現と一体になろうという意図が込められていた。

三山の参詣が終わると、往路をそのまま引き返して京都に戻った。そして伏見稲荷神社に参詣した後、帰宅する。帰宅後は沐浴して髪を洗い、魚を食べて精進潔斎を解いた。ここに、往復で一カ月前後にも及ぶ参詣の旅は終る。

⛩熊野信仰の拡がり

白河法皇たちが牽引する形で公家社会の間に熊野詣ブームが起きたが、法皇たちによる頻繁な熊野詣は公家たちの間では批判の声が強かった。何と言っても、莫大な費用を要したからである。

上皇や法皇が熊野詣をするとなると、一行の人数は数百人にも及ぶ。一行に用意する宿所や食料、三山に備える供物やお布施、法楽に要する費用のほか、道中での施行の費用などもあった。熊野詣に要した費用の総額が莫大な額になったことは想像するにたやすい。

そんな公家たちの批判にも拘らず、皇族たちが熊野詣を自粛することはなかったが、ある事件をきっかけに流行が鎮静化する。

承久三年（一二二一）に起きた承久の乱で後鳥羽上皇が幕府軍に敗北したことで、朝廷の権威は大いに失墜した。幕府により後鳥羽上皇、土御門上皇、順徳上皇が隠岐などに配流されたが、後鳥羽上皇方に馳せ参じた者たちも処罰される。そのなかには熊野三山の関係者もいた。

こうして、承久の乱を境に皇族や貴族を担い手とした熊野詣は衰退していく。熊野詣が再び息を吹き返すのは室町時代に入ってからである。皇族や貴族に代わって、地方の武士や庶民による熊野詣が盛んになったのだ。「蟻の熊野詣」と称されるほどの流行になったのはこの時からだった。

その背景としては、熊野三山の御師の活動が注目される。御師は神社が信仰圏を拡大させる際には無くてはならない存在であり、一種の代理店として参詣を勧誘するのが常だった。御師というと伊勢神宮の御師が良く知られているが、熊野の御師も伊勢の御師に勝るとも劣らない営業活動を展開し、熊野信仰を広めることに大きく貢献している。

さらに、熊野三山は女性でもお詣りできたことが大きかった。同じく山岳信仰の紀州高野山が女人禁制だったのとは対照的である。

熊野信仰を広めたのは御師だけでなかった。熊野比丘尼と呼ばれた僧形の女性たちが、「熊野参詣曼荼羅」などの絵解きを通して参詣を勧誘したのだ。これにしても、営業活動に他ならない。

熊野詣は再び盛んになった。

豊臣秀吉も用いた熊野牛王神符

熊野御師や熊野比丘尼による営業活動も相まって、熊野信仰は全国に広まる。その神々は非常に権威あるものとみなされていくが、そうした事情は熊野三山が発行する熊野牛王神符（宝印）についても同じだった。

牛王神符（宝印）とは、神社などが発行する厄除けの護符のことである。熊野牛王神符はカラス文字で書かれた御神符で、本宮と新宮の神符には「熊野山宝印」、那智の牛王神符には「那智瀧宝印」という文字が記された。本宮は八十八羽、新宮は四十八羽、那智は七十二羽のカラスをもって文字がデザインされている。

熊野牛王神符は熊野三山を信仰する人々を様々な災厄から守ってくれることになっていたが、熊野信仰の高まりを背景に護符も神聖視された結果、起請文に用いる料紙としても広く使われるようになる。仮に熊野牛王神符に書かれた誓約を破った場合は、当人は地獄に落ちるとされた。

鎌倉時代の史書である『吾妻鑑』によれば、平家滅亡後に兄源頼朝の不信を買った源義経がその疑いを解くために誓約文を書いているが、その際に熊野牛王の神符が料紙として使われたという。

戦国時代に入ると、武将たちが血判で何事かを誓約する際には、熊野牛王の神符を料紙として用いるのが例となる。

余命幾ばくもなくなった豊臣秀吉が幼児豊臣秀頼への忠誠を徳川家康たち五大老、石田三成たち五奉行に誓わせる際に使った料紙も、関ヶ原合戦の直前に徳川四天王の井伊直政たちが豊臣恩顧の大名福島正則たちに差し出した誓約書の料紙なども、同じく熊野牛王神符であった。

誓約の際に熊野牛王神符が用いられたのは、江戸時代も同じである。大石内蔵助たち赤穂浪士が討ち入りを目前に交わした血判状の料紙も熊野牛王神符だった。

⛩お伊勢参りや西国札所とのパッケージ化

熊野詣は一路熊野三山を目指し、参詣が終わると戻るというのがパターンだったが、江戸時代に入ると、お伊勢参りや西国三十三箇所の札所めぐりとセットとなるケースが増えてくる。伊勢神宮に参詣した後、熊野三山を巡拝して京都や大坂に出る、あるいは西国の札所を廻るというのが定番となる。

室町時代に再び盛りあがった熊野詣は、お伊勢参りなどとパッケージ化されることで江戸時代に入っても引き続き盛んだったのである。

参考文献

池田雅之・辻林浩『お伊勢参りと熊野詣』かまくら春秋社、二〇一三年。

湊《みなと》川《がわ》神《じん》社《じゃ》

なぜ水戸光圀は楠木正成を厚く信仰したのか

南北朝という時代

日本の歴史において、天皇が二人いた時代があった。鎌倉時代から室町時代への過渡期にあたる南北朝の時代である。

この時代、後醍醐天皇に殉じた楠木正成は「楠公」と尊称され、天皇の忠臣の鑑として後世崇敬されていたが、そんな正成像の構築に大きく貢献したのが「水戸黄門」こと水戸光圀だったことはあま

所在地	兵庫県神戸市中央区多聞通3-1-1
主祭神（本殿）	楠木正成（くすのきまさしげ）
創　建	明治5年（1872）

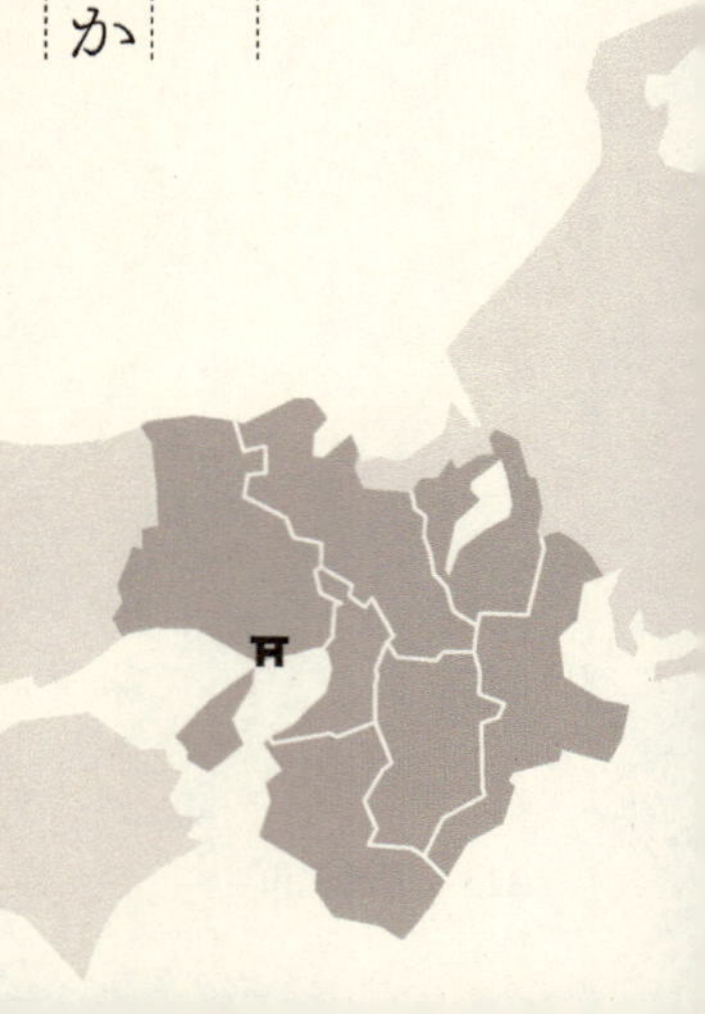

り知られていないかもしれない。

正成を祀った湊川神社創建までの顛末から、水戸光圀の知られざる一面に光を当てる。

⛩楠木正成と七生滅賊

鎌倉時代も後期に入ると、後深草天皇（持明院統）と亀山天皇（大覚寺統）の子孫がほぼ交代で即位するようになる。これを両統迭立というが、幕府の意思が背後にあった。当時、幕府は皇位継承に関与していたのである。

文保二年（一三一八）、大覚寺統の後醍醐天皇が誕生するが、幕府の介入により自分の子が即位できる可能性が閉ざされてしまう。よって、御醍醐天皇は皇位継承に介入してくる幕府の打倒を密かに志すようになった。

元弘元年（一三三一）八月、天皇は討幕を掲げて挙兵するが、馳せ参じてきた武将の一人が河内国の豪族楠木正成であった。正成は赤坂城に籠って奮戦するも、多勢に無勢であった。そのため、城に火を放って身を隠し、再起を期す。挙兵に失敗した天皇は幕府に捕えられ、隠岐島に流された。

翌二年（一三三二）、捲土重来をはかっていた正成は再び挙兵し、河内の千早城に籠る。幕府の大軍を迎え撃ち、大いに善戦した。

そうこうするうちに、三年（一三三三）閏二月には天皇も隠岐から脱出し、執権北条氏が実権を握る幕府の打倒を各地に呼び掛けた。これに応える形で、幕府を支えていた足利高氏たち有力武将が次々と離反していく。

同年五月二十二日、ついに北条一門は鎌倉で自害して果て、約百五十年続いた鎌倉幕府は滅んだ（「元弘の乱」）。京都に戻った後醍醐天皇は武家政治（幕府）を否定し、天皇親政を開始した。世に言う建武の新政である。

だが、天皇に味方した足利尊氏（高氏から改名）たち武士団は、北条氏が執権として牛耳る鎌倉幕府を倒す意図はあったものの、天皇親政つまりは鎌倉幕府以前の政治体制に戻ることは望んでいなかった。武家政治自体まで否定したのではなかった。

建武の新政は武士たちを大いに失望させたが、長らく続いた武家政治からの急激な変革は社会の大混乱も招いた。武士たちの多くは天皇に反旗を翻した足利尊氏のもとに結集していく。

正成は天皇のもとに残り、尊氏との戦いに入った。そして、延元元年（一三三六）五月二十五日に摂津国湊川で決戦に及ぶ。世に言う湊川の戦いだ。

正成は手兵七百人を率いて足利軍に戦いを挑んだが、雲霞の如き大軍を前に追い詰められる。もはやこれまでと覚悟を決めた正成は「七生滅賊」を誓って、弟正季たち一族郎党七十三名とともに自害して果てた。「七生滅賊」とは、七たび生まれ変わっても天皇に仇なす国賊を滅ぼすという意味である。

天皇側は湊川の戦いで敗れたことで、尊氏への屈服を余儀なくされる。同年十一月、退位を求められた天皇は、尊氏が擁立した持明院統の光明天皇に皇位のしるしである三種の神器を譲り渡した。

ところが、十二月二十一日に後醍醐天皇は京都を脱出し、大和の吉野山中に逃れる。吉野を拠点に、尊氏が擁立した光明天皇と対決する姿勢を示した。実は光明天皇（北朝）に渡した神器は偽物で、本物の神器を持つ自分（南朝）こそが正統の天皇と主張したのである。

ここに、南北朝の時代が本格的にはじまった。

⛩水戸光圀の『大日本史』編纂

正成が生涯を終えた湊川には、いつしか墓所が造られた。自害した場所は「殉節地」として現在湊川神社境内に取り込まれているが、墓所も境内にある。

戦国時代を終わらせた豊臣秀吉の時代から、正成墓所の記録が確認できるが、江戸時代に入ると湊川は尼崎藩青山家の所領となる。藩主青山幸利は墓所に松と梅を植え、五輪の石塔も建立した。

ちょうど三代将軍徳川家光の時代にあたるが、後に墓碑を建立することになる第二代水戸藩主水戸（徳川）光圀は、まだ世継ぎの身の上であった。

『大日本史』の修史事業に象徴されるように、光圀は歴史に強い関心を持っていた。既に世子時代の明暦三年（一六五七）に、江戸の駒込中屋敷内に彰考館の前身である史書編纂所を設置している。彰考館と改称されるのは、寛文十二年（一六七二）に編纂所が小石川上屋敷に移転してからだ。既に光圀は藩主の座に就いていた。

『大日本史』とは神武天皇から後小松天皇までの歴史を紐解いた史書だが、光圀一代では完成できなかった。ようやく明治三十九年（一九〇六）に完成するという大事業だった。総巻数は三九七巻にも達したが、そのぶん水戸藩には多大な財政負担を強いる。水戸藩の財政難の一因になっていたことは否めない。

『大日本史』の特徴としては、神功皇后を后妃に列したこと。壬申の乱の敗者である大友皇子を天皇として遇したこと。後醍醐天皇の南朝を正統としたことの三点が挙げられるのが定番だ。同書の三大特筆と評価される特徴である。

三種の神器を持っていた南朝の天皇を正統と認定し、南朝の後亀山天皇が北朝の後小松天皇に神器を渡した時をもって北朝の天皇が正統となり、南北朝の合一が果たされるというわけである。

いきおい、『大日本史』では南朝特に後醍醐天皇のため忠節を尽くした武将たちが高く評価される。そのシンボルこそ、楠木正成だった。

そして、南朝こそ正統という史観を補強する史料の収集のため、光圀は全国に家臣たちを派遣した。その一人が佐々介三郎宗淳という名の家臣だが、介三郎こそ光圀を主役とする水戸黄門の漫遊記に登場する「助さん」のモデルとなった人物なのである。

⛩ 楠公の墓碑建立と楠公祭

貞享二年（一六八五）、史料収集のため湊川を訪れた介三郎は、正成の墓所をお参りする。南朝方武将を顕彰する一環として、光圀は正成の墓碑を建立しようとしていたが、すぐには取り掛かっていない。元禄三年（一六九〇）に藩主の座を退き、隠居の身の上になってから取り掛かっている。

建立の責任者となったのは介三郎だが、同五年（一六九二）に墓碑が完成する。表には光圀の筆になる「嗚呼忠臣楠子之墓」の文字が、裏には朱舜水の作になる賛文が刻まれた。朱舜水は清のため滅亡した明の遺臣で儒学者だったが、日本に亡命して光圀のもとで生涯を終える。墓碑が建立された時には、既にこの世を去っていた。

水戸光圀による墓碑の建立により、後醍醐天皇の忠臣たる正成に改めて注目が集まりはじめる。さらに、正成が登場する『太平記』が江戸時代に広く読まれたことも相まって、その名は天下に知れ渡ることになる。

『太平記』とは、南北朝時代の動乱を描いた長編の軍記物語である。江戸時代には同書を講釈する「太平記読み」と称される人々が登場し、人口に広く膾炙する。

写真提供：湊川神社

幕末に入ると、討幕へとつながる尊王攘夷運動が高揚したため、討幕のため御醍醐天皇に忠節を尽くした正成が英雄視されていく。正成の墓所そして墓碑は、尊王攘夷の志士たちが訪れる聖地となった。

例えば、歴史に深く通じていた長州藩士の吉田松陰は正成の生き様を模範とし、崇拝していた。嘉永四年（一八五一）、松陰は軍学稽古のため山陽道を経由して江戸へ向かう。その途次、念願の正成墓所を訪れるが、感激のあまり涙が止まらなかったという。

正成への崇敬は個人レベルにとどまらず、藩レベルでもみられた。長州藩などは藩校明倫館を会場に、正成を慰霊する楠公祭を毎年執り行う。祭典の日は、正成の祥月命日にあたる五月二十五日であった。

松陰は天皇に忠節を尽くして湊川で散った正成を崇拝したが、尊王攘夷を藩是とする長州藩もまったく同じだった。よって、藩として楠公祭を執り行ったのである。

楠公祭では、藩主の毛利慶親（敬親）が神前で祭文を奏上している。そして、水戸藩が編纂した『大日本史』のうち正成についての記述を儒官に講義させることになっていた。

⛩ 湊川神社創建

楠公祭という形で正成を顕彰する動きが、祭神として祀る運動へと発展していくのは時間の問題だった。薩摩・長州藩が討幕を実現すると、いよいよ政府による神社創建の運びとなる。

明治元年（一八六八）四月、政府は正成を祀る神社の創建を命じ、金千両を下賜した。翌明治二年（一八六九）には、墓所や「殉節地」を含む七二三二坪（現在は七六六六坪）が境内地に定められる。その後、造営が開始され、五年（一八七二）五月二十四日に湊川神社が創建された。

湊川神社創建の歴史をさかのぼっていくと、そのはじまりは水戸光圀が『大日本史』編纂の過程で楠木正成を顕彰したことに行きつくのである。

出雲《いづも》大《おお》社《やしろ》

造営遷宮費を どうやって集めたのか

延享の造営遷宮

縁結びの神様として名高い出雲大社の本殿は、大社造と呼ばれる日本最古の神社建築の様式である。かつて、その高さは十六丈、約四十八メートルもあったという。天にも届かんばかりの高層建築だ。太く長い柱に支えられていた。

現在の本殿の高さは、その半分にあたる八丈、約二十四メート

所在地	島根県出雲市大社町杵築東195
主祭神（本殿）	大国主大神（おおくにぬしのみこと）
創　建	神代とされる

ル。江戸時代中期にあたる延享元年（一七四四）に造営されたものである。その費用は「日本勧化」という手法で集められたが、日本勧化とはいったい何か。

出雲大社の造営事業に焦点を当てることで、その名が日本全国に広く知られるようになった背景を解き明かす。

⛩本殿の縮小

出雲大社は天照大神の子を祖とする出雲国造家が祭祀を掌ったことから、朝廷との関係がたいへん深く、造営遷宮に際しては手厚いバックアップを受けている。しかし、時代が下って朝廷の力が弱まると、バックアップはあまり期待できなくなる。

その結果、本殿の規模は縮小を余儀なくされる。高層建築であったがゆえに、倒れやすかったという問題もあっただろう。

そうは言っても、一般の神社と比べれば、本殿ははるかに高かった。「矢倉宮」とも称されたように、あたかも櫓のようであった。慶長十四年（一六〇九）の遷宮造営時の高さは五丈七尺四寸、約十七・五メートルもあった。

それまでは掘立柱の建物だったが、この時の造営で礎石建物の様式に変更される。以後、この方式が踏襲された。

時代は江戸時代に入っていたが、出雲大社では本殿をかつての姿に戻したいと念願していた。高さ四十八メートルの本殿を復活させるため、幕府への運動を開始する。幕府も出雲大社の嘆願を容れ、銀二千貫を造営費として寄進することを決める。この頃は、幕府の財政にも余裕があったことが分かる。現在の貨幣価値で換算すると、銀二千貫は約五十億円に相当するという。

ただし、高さ四十八メートルというわけにはいかなかった。それまでの本殿よりも数メートル高くなったものの、往時の半分にあたる八丈、約二十四メートルの高さにとどまる。現在と同じだが、平面規模はほぼ往時に匹敵したものになる。

造営が完了して遷宮が執り行われたのは、寛文七年（一六六七）三月晦日のことである。この時の造営は「寛文の御造営」と称されている。

時に四代将軍徳川家綱の治世。泰平の世になりつつあった頃である。

なお、出雲大社が鎮座する出雲国は松江藩主の松平家が支配していた。石高は十八万石余。藩主の松平家が徳川一門の有力大名であったことが、幕府をして造営費を寄進させた理由の一つになったことは間違いないだろう。

幕府が造営費の寄進を決めた時の藩主は、松平直政という。その父は徳川家康の次男にあたる結城秀康であり、直政は家康の孫にあたる。遷宮の前年に死去していたため、遷宮時の藩主は子の松平綱隆だった。

⛩江戸幕府の社寺助成策

幕府の援助を受けることで本殿の造営を実現した出雲大社だったが、幕府財政が窮迫していくと、充分な助成を得ることは夢のまた夢となる。そうした事情は、神社のみならず寺院も同じであった。

当事者の社寺としては、幕府の費用で修復してもらえれば言うことはない。だが、その恩恵に預かれるのは、東照宮など将軍との距離が非常に近い社寺のみであり、出雲大社はその対象ではなかった。

大半の神社や寺院は勧化を幕府から許可してもらい、その募金額を修復に充てようとする。勧化とは寄進を募ることだが、ここで言う勧化とは幕府の許可を受けたもの

出雲大社

である。「御免勧化」と呼ばれた。

幕府の許可を受けなくても、もちろん勧化は可能だった。その場合は「私之勧化」、「自分勧化」と呼ばれたが、幕府のお墨付きを得た勧化の方が効果があったのは言うまでもない。金品の寄進は当人の意志に任せられたものの、御免勧化ならば半ば義務的なものとして捉えられたことは想像するにたやすい。社寺としては、そこに期待したのだ。

つまり、御免勧化は幕府による社寺助成の手段に他ならなかった。寄進するよう命じるだけだから、直接、幕府の懐は痛まない。巧妙な助成策と言える。

享保七年（一七二二）に熊野三山（三社）が権現社修復のため勧化を許可された事例が

御免勧化の最初とされている。勧化の範囲だが、全国を対象とする場合もあれば、江戸だけ、数ケ国だけというパターンもあった。

幕府の許可を得た勧化であるため、当該社寺が勧化のため巡行してくる旨が対象地域に次のように触れられることになっていた。

幕府の寺社奉行が連名で捺印した勧化状を持参し、勧化を許可された社寺の者が巡行してくる。志のある者たちは多少に寄らず寄進しなさい。その旨を、幕府領は支配の代官が、大名領や旗本領は当の大名や旗本から申し渡しなさい。

わざわざ各国を巡行しなくても、自然と金品が集まってくる御免勧化もあった。先の熊野三山が勧化を許可された時がこれだ。その対象地域は日本全国であったため、日本勧化と称された。勧化の期間は一年間である。

熊野三山の者たちが諸大名の江戸屋敷を回り、勧化への協力を依頼すると、諸大名側が三山に代わって勧化の事務を取ってくれるのだ。大名側に勧化帳を渡して置くと、江戸屋敷の家臣たちの間や領内に、勧化帳が回っていく。全国を回らずとも、大名たちがその実務を代行して金品を集めるシステムであり、当の社寺にとっては至れり尽くせりの願ってもないシステムだった。

いずれの場合にせよ、御免勧化の恩恵に預かれるのは限られた神社だけだが、出雲大社はこれに目を付けたのである。

⛩日本勧化の許可

宝永二年（一七〇五）、出雲大社は次期造営遷宮に備えて幕府に「造営願使」を派遣している。「寛文の御造営」の時のように、造営費の寄進を受けることを期待したが、幕府の財布の紐は堅かった。

それから十五年後の享保五年（一七二〇）に、幕府から書状が届く。倹約中であるため造営費が寄進できないとして、祈禱料として百石を寄進するという内容だった。当時は八代将軍吉宗の治世であり、破綻寸前の幕府財政を受けて享保の改革を断行している時にあたる。

歳出カットの方針を受け、社寺への助成も切り詰められていたことが背景にあったが、これでは造営費はおろか遷宮費にもならない。百石とは百両に相当するが、現代の貨幣価値に換算すると一千万円ぐらいだ。

こうした幕府の姿勢は、何も出雲大社だけではない。三年前の享保二年(一七一七)、奈良の興福寺が全焼したが、自力での再建は無理であり、時の中御門天皇の意向を受ける形で興福寺の門主が江戸に下向する。幕府の寺社奉行に助成を願ったが、門前払いを受けてしまう。いかに幕府が緊縮財政を志向していたかが分かる対応である。

その後、幕府は伝統のある社寺には勧化の許可を出す方針を取る。御免勧化だ。興福寺を門前払いにした対応が批判を浴びた結果なのかもしれない。

こうした流れを受け、出雲大社は造営費が寄進されることを諦め、御免勧化の許可を勝ち取る方針に変更する。同七年に熊野三山が全国を対象とする勧化つまりは日本勧化を許可されたことを受け、その前例に倣おうとしたのである。

十年(一七二五)十一月、幕府から日本勧化の許可が下りる。熊野三山は大名や代官が実務を代行する方式だったが、出雲大社は自ら全国を回る方式だ。翌十一年(一七二六)は東国筋、十二年(一七二七)は畿内と西国筋を巡行して寄進を募った。

その際、寺社奉行連印の勧化状に加えて、出雲大社の縁起と勧化の理由を記したものを御札とともに配付している。これにより、出雲大社の名前と祭神の神徳が全国に知れ渡ることになる。

しかし、その名と神徳を全国に知らしめる良い機会にはなったものの、勧化により集まった寄進の総額は経費を引くと、四九二五両余にとどまる。造営費は五万両余掛かっており、勧化で集まった金額はその一割にも満たない計算だった。

幕府から千両の寄進があったとはいえ、これでは到底足りない。幕府のみならず、人々の財布の紐も堅かった。

窮した出雲大社は三万両の借り入れを幕府に願うが、却下される。結局、不足分を立て替えたのは松江藩であった。

⛩出雲大社の名が全国に広がる

日本勧化などにより集められた浄財などをもとに、本殿が造営遷宮されたのは延享元年（一七四四）のことである。この時、幕府も遷座費として別に五百両を寄進している。以後、三度にわたる屋根の葺き替えなどの修理を経て、現在に至る。

期待どおりの寄進は得られなかったが、日本勧化は出雲大社の名と神徳が全国に知れ渡る絶好の機会になったことは間違いない。日本勧化による「延享の御造営」は、出雲大社の歴史において大きな転機となった事業なのである。

参考文献
鈴木良明『近世仏教と勧化』岩田書院、一九九六年。
西岡和彦「日本勧化と延享の造営遷宮」『出雲大社の造営遷宮と地域社会（下巻）』今井出版、二〇一五年。

厳《いつく》島《しま》神《じん》社《じゃ》

なぜ平家は厚く信仰したのか

世界遺産となった日本三景

海中に浮いている状態の大鳥居がシンボルである厳島神社は、「安芸の宮島」として日本三景の一つに数えられるが、近年世界遺産にも登録されたことで、その名は世界に鳴り響くことになった。

厳島神社の歴史が語られる際には、平家一門の興亡とセットで語られることが定番である。平家一門なかでも平清盛の篤信を受

所在地	広島県廿日市市宮島町1-1
主祭神（本殿）	市杵島姫命（いちきしまひめのみこと）・田心姫命（たごりひめのみこと）・湍津姫命（たぎつひめのみこと）
創　建	推古天皇元年（593）

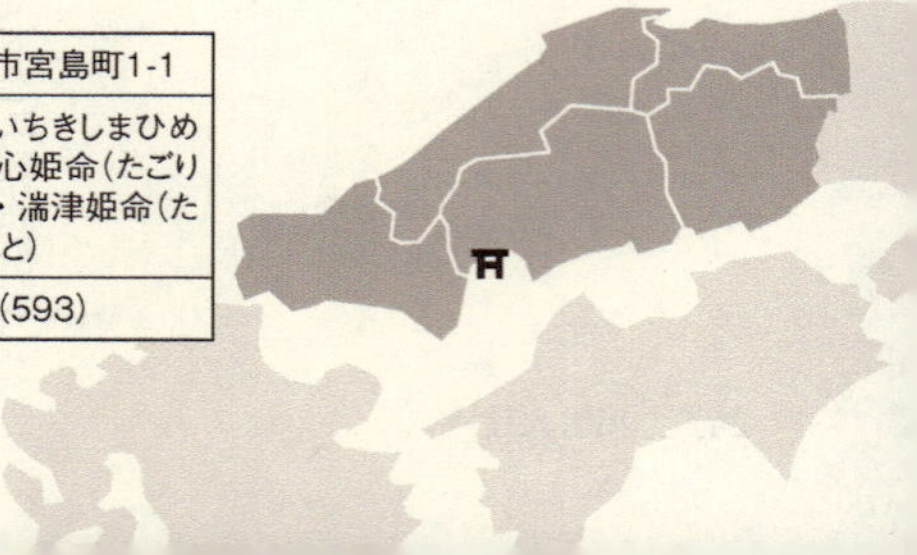

けたことが大きかったが、なぜ清盛はじめ平家は厚く信仰したのか。
平家の栄枯盛衰を追うことで、その背景に迫る。

⛩平家の台頭

厳島神社が創建されたのは、推古天皇元年（五九三）のことである。安芸国の豪族で宮島を支配する佐伯鞍職により社殿が建てられ、朝廷から安芸国の一の宮と位置付けられた。そして、開基とも言うべき佐伯氏が神職を世襲していく。

その後、平清盛という当代きっての実力者と結びついたことが飛躍のきっかけとなるが、まずは平家台頭の歴史を整理しておこう。

平家はライバルとなる源氏と同じく、皇族である親王が臣籍降下することで誕生した家である。現在の県知事にあたる地方の国司となり、国司を辞めた後もその地に土着して勢力を蓄えた。武士として、当該地域で隠然とした実力を持つようになる。

平安時代も後期に入ると、中央の朝廷の力が弱まったことで、各地に割拠していた平家や源氏がその軍事力をもって台頭する。よって、朝廷はその力を利用することで、抵抗勢力を抑えにかかろうとはかる。

当時、興福寺や延暦寺などの有力寺院は僧兵を組織していた。僧兵という軍事力をもって様々な要求を強訴したため、朝廷は対応に苦慮する。そのため、平家や源氏などの武士団を「北面の武士」という形で自らの楯にすることで、その要求を退けようと試みたのである。

要するに平家や源氏率いる武士団を傭兵としたわけだが、なかでも朝廷の最高実力者白河法皇の信任を得ていたのが平家一門を代表する平正盛だった。

正盛は京都で警察・司法権を行使する検非違使や、諸国の凶徒を捕縛する追捕使に任命されて治安維持にあたるほか、備前守や讃岐守など西国の国司を歴任して財を蓄える。その子忠盛も検非違使や西国の国司を歴任する。ついには、清涼殿の殿上の間に昇ること（昇殿）を許された。殿上人となる。

忠盛は瀬戸内海の海賊の追討にもあたったが、瀬戸内海をルートとする日宋貿易にも参入する。当時中国大陸を支配していたのは宋王朝だが、日本とは外交関係がなかった。しかし、民間レベルでの経済交流つまり貿易は盛んに行われており、忠盛は日宋貿易に参入することで、富をさらに蓄積していく。

その路線を推し進めたのが、子の清盛なのである。

⛩平清盛の篤信

永久六年（一一一八）、清盛は平忠盛の長男として生まれた。平家一門棟梁の地位を約束されていた清盛の出世は非常に早く、忠盛を上回るスピードで西国の国司などを歴任する。

久安二年（一一四六）には安芸守に任ぜられる。安芸守叙任は、平家では最初の事例であり、ここに厳島神社との関係が生まれる。

既に、平家は熊野三山や高野山を厚く信仰していた。清盛も父の信仰を受け継ぎ、熊野・高野両山を信仰したが、これを契機に厳島神社への信仰もはじまる。

安芸守として支配にあたる上で、一の宮である厳島神社への信仰を示して安芸の人々の心を摑もうというのは国司としての常套手段だが、深く信仰するようになったのは平家一門が隆盛を極めたからに他ならない。長寛二年（一一六四）、清盛は平家納経を厳島神社に奉納しているが、その願文に次のような一節がみられる。

ある時、一人の僧侶が清盛にこう告げた。厳島神社に祈願すれば、必ず願いが叶うであろう。この言葉を聞いてから、清盛は一心に厳島神社を信仰するようになるが、果たせるかな、願いのとおり平家一門は大いに繁栄する。

安芸守に在任中、清盛が朝廷内で台頭するきっかけとなる戦乱が起きた。保元元年（一一五六）に起きた保元の乱である。平家の軍事力を京都で見せつけた清盛は、平治元年（一一五九）にはライバルの源義朝を倒す。これは平治の乱だ。

その後、清盛の昇進は凄まじかった。

参議、権中納言、権大納言、内大臣と昇進し、仁安二年（一一六七）には太政大臣の極官に昇る。保元の乱からわずか十年ほどで朝廷のトップに立った。一門の面々も高位高官に就き、清盛の義弟平時忠が「平家にあらずんば人にあらず」と豪語するまでに至る。

平家一門が隆盛を極める過程で、清盛は何度となく厳島神社を参詣している。昇進の御礼に加えて、さらなる平家の隆盛を祈ったに違いない。一門も清盛の参詣に習ったのは言うまでもない。

合わせて、信仰の証として今に伝わる壮麗な社殿が整備されていく。社殿が建立さ

厳島神社

れたのは、清盛が太政大臣に就任して位人臣を極めた翌年にあたる仁安三年（一一六八）のことである。

さて、時の高倉天皇の中宮として娘の徳子（建礼門院）を入内させていた清盛は、皇子の誕生を心待ちにしていた。孫にあたる皇子が皇位を継げば、天皇の外祖父として権勢はここに極まるはずだ。

清盛は徳子の懐妊、皇子の誕生を厳島神社に願い続ける。そして、願いが成就する時がやって来た。治承二年（一一七八）五月、徳子が懐妊する。

翌六月、厳島神社の神前で安産の宣命を読み上げる奉幣使が派遣された。奉幣使に任命されたのは清盛の子重衡だった。同月には着帯の儀が執り行われ、伊勢神宮はじめ諸社寺に奉幣使が派遣されるが、畿内以外の社寺では唯一厳島神社に奉幣使が派遣されている。

臨月に入った十月には、安産の祈禱がはじまる。安芸の厳島神社のみならず、清盛の京都屋敷に勧請された厳島別宮などでも祈禱が執り行われた。

翌十一月、徳子は清盛待望の皇子を産む。後の安徳天皇である。清盛の厳島信仰は最高潮に達した。

⛩皇族・貴族の厳島詣

この頃になると、清盛率いる平家一門に多大な御利益をもたらした厳島神社への信仰は、公家社会にも広まりはじめる。皇族や貴族の間で厳島神社に参詣する事例が数多くみられるようになるのだ。

霊験あらたかなことに加え、瀬戸内海を航行しながらの参詣だったことが人気を呼んだのだろう。一種の観光旅行であった。

厳島神社を厚く信仰する平家にとっても、皇族や貴族の間で厳島詣が流行るのは悪い気はしなかったはずだ。むしろ、大いに勧めたに違いない。

承安四年（一一七四）、朝廷の最高実力者であった後白河法皇は厳島神社に参詣している。妃で高倉天皇生母の建春門院を同行させたが、建春門院（平滋子）は清盛の妻時子の妹にあたっていた。

まず、法皇と建春門院は摂津国福原にあった清盛の別荘に向かう。福原からは海路で厳島に入った。参詣後、各種の神宝を奉納している。

清盛の岳父にあたる高倉天皇が参詣したのは、安徳天皇に譲位して上皇となった後である。治承四年（一一八〇）、中宮徳子を連れて二度にわたり参詣し、法華経や般若心経一巻を奉納した。

となれば、貴族の間で厳島神社参詣が盛んになるのは自然の成り行きである。後白河法皇や高倉上皇と同じく、清盛の別荘があった平家の拠点福原に立ち寄り、海路で厳島に向かうのがお決まりのコースとなっていた。福原は日宋貿易の拠点大輪田泊の近くにあり、後に清盛が遷都しようとした場所でもある。瀬戸内海の各湊には厳島詣に向かう皇族や貴族たちが宿泊する施設が完備され、船が寄せられるようにも設計されていた。

このように、清盛がトップに立った時代には皇族や貴族による厳島詣が一種のブームとなる。それに伴い、安芸国の一の宮厳島神社の権威は急上昇する。平家隆盛の恩恵を最も受けた神社であることは間違いない。

これほど厳島神社が注目された時代はなかったと言ってもよいだろう。まさに、清盛の篤信が成せる業だ。清盛としては、太政大臣に加えて安徳天皇の外祖父としての地位をもたらした神社であるから、厚く信仰したのは当然のことだった。

平家滅亡後の厳島神社

しかし、「平家にあらずんば人にあらず」の時代は長く続かなかった。出る杭は打たれるではないが、平家の隆盛は朝廷内の反発を招く。清盛と手を結んでいたはずの後白河法皇がその黒幕だった。

高倉上皇が厳島神社に参詣した治承四年は、法皇の皇子以仁王と源頼政により清盛打倒の狼煙があがった年でもあった。翌年には清盛も死去する。その後、平家は源義仲のため都落ちを余儀なくされ、元暦二年（一一八五）には源義経のため壇ノ浦で滅亡する。
最大の庇護者を失った厳島神社だが、時代の荒波を巧みに乗り越え、引き続き武家からの厚い信仰を集める。毛利元就を戦国大名の象徴たらしめた戦い（厳島の戦い）の舞台となるなど、その後の歴史にも名を残したのである。

参考文献
『広島県史　原始古代通史Ⅰ』広島県、一九八〇年。

松《しょう》陰《いん》神《じん》社《じゃ》

なぜ長州藩は吉田松陰を祀ったのか

⛩明治に入って創建された二つの松陰神社

「身はたとひ　武蔵の野辺に　朽ちぬとも　留め置かまし　大和魂」

長州藩士吉田松陰の絶筆「留魂録」の冒頭に掲げられた歌である。松陰の数々の言葉は今なお人々の心に深い感動を与え続けているが、その代表的なものと言ってよいだろう。

幕府のため松陰は非業の死を遂げるが、その衝撃が久坂玄瑞や高杉

所在地	山口県萩市椿東1537
主祭神（本殿）	吉田矩方命（よしだのりかたのみこと）
創　建	明治40年（1907）

晋作たち門人をして幕府打倒に走らせる。そして、討幕により明治維新が実現すると、松陰の名が付けられた神社が創建される運びとなるが、その流れは幕末からはじまっていた。

松陰を祭神とする松陰神社は、生まれ故郷の山口県萩市と、落命した江戸、つまり東京に鎮座している。二社とも明治に入ってからの創建だが、長州藩が薩摩藩とともに維新回天の主役となったことで、幕末にはじまる創建の歴史は維新の歴史そのものとなる。

松陰神社の歴史から、知られざる維新の歴史を追う。

⛩松陰の名誉が回復される

安政六年（一八五九）十月二十七日。長州藩士吉田寅次郎こと吉田松陰は江戸城近くの評定所に呼び出され、幕府から死罪を申し渡された。

時を移さず、小伝馬町牢屋敷に連行された松陰は首切り浅右衛門こと山田浅右衛門介錯のもと、刑場の露と消える。その遺体は小塚原の刑場に取り捨てられた。わずか三十年の生涯だった。安政の大獄の犠牲者の一人でもあった。

松陰が処刑された後、長州藩は吉田家を断絶に処す。実父杉百合之助と兄梅太郎は役職を免ぜられて謹慎処分となる。実家は長州藩士の杉家で、松陰は藩の兵学師範を勤める叔父吉田大助の養子に入っていた。

松陰は松下村塾とセットで語られることも多いが、松陰は萩城下で暮らしていた頃、実家杉家敷地内の一室を改造して教室を造る。松下村塾が玄瑞・晋作のほか、伊藤博文や山県有朋など幾多の有為の人材を輩出したことは良く知られているだろう。

しかし、松陰が幕府により処刑されて吉田家が御家断絶となったことで、門下生たちも周囲からの厳しい目に晒される。家族が村八分に遭った者さえいる。隠忍自重の日々を余儀なくされた。

安政七年（一八六〇）二月七日、杉家では百日祭を催し、吉田家の墓地に松陰の遺髪を埋葬する。同十五日には、「松陰二十一回猛士墓」と刻まれた墓碑を建立し、玄瑞たち十七人の門人が墓碑の周りに燈籠や水盤などを奉納した。松陰の遺志の継承とともに、その名誉回復を心に期す。

やがて、松陰と門下生に対する世間の風向きが変わる。安政の大獄を断行した大老井伊直弼が江戸城桜田門外で討たれ、幕府の権威が大いに失墜したからだ。対照的に、井伊に押さえつけられていた天皇・朝廷の権威は急上昇し、幕府に攘夷の実行を強く求める。時の孝明天皇は攘夷主義者として知られていた。

これに注目した長州藩は天皇の意向を受ける形で、幕府に攘夷を迫ることを藩の方針とするとともに、安政の大獄で国事犯として処罰された者の復権を目指す。朝廷を動かすことで、幕府をして大赦令を公布させようとした。

一連の長州藩の動きに深く関わっていたのが、藩内で影響力を強めはじめていた松陰の門下生たちだった。その中心にいたのが、松陰の妹を妻に迎えていた久坂玄瑞や松陰に兄事した桂小五郎である。大赦令を公布させることで松陰の名誉回復を目指す。

文久二年（一八六二）十一月二十八日、幕府は朝廷からの強い要請を受け、ペリー来航以来の国事犯に対する大赦令を公布した。安政の大獄での国事犯も対象であり、ここに松陰の罪名は取り除かれた。

⛩神格化されていく松陰

大赦令の公布により松陰の名誉は回復されたが、玄瑞たちは松陰を長州藩の攘夷運動のシンボルにしようと考えていた。そのため、国を思って死んだ松陰の忠義の魂を藩が弔うこと、重罪人として小塚原の刑場に埋葬されたままの松陰の遺骸を改葬することを強く求める。

玄瑞たちからの強い要請を受け、長州藩は遺骸の改葬を決める。罪名は取り除かれた以上、もはや幕府を憚る必要はなかった。この改葬を主導したのは高杉晋作である。翌三年（一八六三）一月五日、小塚原刑場に埋められていた松陰の遺骸は晋作たちにより掘り起こされ、武蔵国荏原郡若林村にあった長州藩抱屋敷に改葬される。この弔いは、神葬の形式で執り行われた。神葬とは神道の儀式による葬祭のことである。

松陰の実家杉家には六か条の家法があったが、第二条目で神を崇めること。第五条目では仏法に惑わされないことが掲げられていた。よって、松陰は毎朝神棚を拝むほど神を厚く信仰する反面、仏教にはたいへん厳しい姿勢を取る。

そんな松陰の意思を汲み取り、玄瑞たち門下生は松陰の弔いを神葬式で執り行う。

松陰を神格化していこうという意図も秘められていた。なお、若林村に改葬された松陰の墓所は、現在では東京都世田谷区に鎮座する松陰神社の境内に含まれている。

松陰が幕府から赦免されて念願の改葬も実現すると、長州藩は連座の対象として隠居を命じていた父百合之助を赦免し、再び出仕させる。改葬からわずか十日ほど後の同月十七日のことであった。

四月二日には、御家断絶となっていた吉田家の再興を許可する。松陰の兄梅太郎の長男小太郎に吉田家を相続させた。

翌元治元年（一八六四）五月二十五日、長州藩は藩校明倫館において、楠木正成を慰霊する楠公祭を執り行う。この日は、正成（楠公）の祥月命日にあたっていた。

松陰は天皇に忠節を尽くして湊川で散った正成を崇拝したが、天皇の血筋を引く毛利家を藩主として戴く長州藩も同じであった。よって、藩の行事として例年楠公祭を執り行っていたが、この年から祀られる人物が増える。尊王攘夷運動のなかで斃《たお》れた藩士たちが大半だったが、そのなかには松陰も含まれていた。

藩としては彼らの行動を顕彰することで、一命を賭して尊王攘夷運動に参加する藩士がこれからも登場してくることを期待した。つまり、その中核として位置付けられたのが松陰だったのである。

⛩招魂祭のはじまり

松陰が神格化されるなか、尊王攘夷運動で斃れた藩士たちを祀る神事も定期的に執り行われるようになる。これを招魂祭という。

文久二年十一月二十八日、ペリー来航以来の国事犯を対象とする大赦令が公布された。これを契機に、長州藩は玄瑞主導のもと松陰の顕彰活動を開始するが、十二月二十四日には京都で最初の招魂祭が執り行われる。大赦令を受けての祭事だった。石見国津和野藩士の福羽美静や長州藩士世良利貞たち六十六名が藩の枠を越えて集まり、国事に斃れた殉難者の霊を祀る招魂祭に参列した。会場は霊山の霊明舎だった。霊明舎とは神葬祭を執り行う施設のことである。

翌三年七月には、福羽たち十名が中心となって、安政の大獄や桜田門外の変での殉難者の霊を祀る神事を同じく京都で執り行った。祇園社の境内に小さい祠を建立し、神事の場とする。この祠が、靖国神社へとつながる招魂社の原型とされる。

こうした流れを受け、長州藩では例年五月二十五日に執行していた楠公祭から、殉難者を祀る祭事を招魂祭として独立させるに至る。

となると、招魂場を作らなければならない。専用の慰霊場の建立である。

元治元年八月三日、晋作が創設した奇兵隊の隊士を祀る招魂場が現下関市の桜山神社境内に完成する。慶応元年（一八六五）七月四日には領内各郡に対し、招魂場を一カ所ずつ設けて慰霊の祭事を執行するよう命じた。各郡に設置された招魂場は、尊王攘夷という大義に斃れた者を藩内一丸となって慰霊しようという場所に他ならなかった。

松陰だけでなく尊王攘夷運動のなか斃れた者たちの魂も招魂祭という形で祀られたわけだが、明治に入ると、政府高官となった門下生たちによって松陰を祭神とする神社が創建されるのである。

⛩松陰神社の創建

二つの松陰神社のうち最初に創建されたのは、東京である。

明治十五年（一八八二）十一月二十一日、門下生たちによって松陰の墓所があった東京府荏原郡若林村に松陰を祀る神社が創建された。現在、世田谷区若林に鎮座している松陰神社だが、萩の松陰神社はこれより十年近く遅れる。

同二十三年（一八九〇）八月、松下村塾の出身者たちにより塾の改修が行われた。その折、兄の杉民治が杉家内に土蔵を作り、そのなかに祠を建て、松陰の書状などを祀った。これが萩の松陰神社のはじまりである。

同四十年（一九〇七）、この祠を神社とするため、松陰門下の伊藤博文たちが中心となって山口県に請願書を提出した。日ならずして、県社の社格で創建が許可され、松陰神社が誕生する。

その後、祠は松下村塾の南隣に移されて本殿となる一方、萩城の鎮守・宮崎八幡宮拝殿を譲り受けるなどして境内の整備が進められた。昭和十二年（一九三七）には、王政復古七十周年記念事業として神域の拡張工事も開始される。十五年（一九四〇）には社殿の新築もはじまり、三十年（一九五五）に完成した。

これに伴い、翌三十一年（一九五六）に旧社殿が新社殿の北隣に移転され、門下生を祭神とする末社の松門神社が建立される。現在、玄瑞や晋作たち五十三柱が祀られている。松陰の遺志を継いで討幕のため奔走した門下生たちも神となった。

こうして、明治維新での松陰と門下生たちの功績が生まれ故郷の萩の地で伝承されていくのである。

参考文献

海原徹『吉田松陰』ミネルヴァ書房、二〇〇三年
一坂太郎『幕末・英傑たちのヒーロー』朝日新書、二〇〇八年

金《こ》刀《と》比《ひ》羅《ら》宮《ぐう》

なぜ神社の門前で歌舞伎が興行されたのか

⛩ 讃岐のこんぴらさん

「讃岐のこんぴらさん」というと、参道口から本宮までの七百八十五段もの長い石段が有名だが、門前町に大きな歌舞伎小屋があることでも知られている。「こんぴら歌舞伎」である。

名立たる歌舞伎役者が出演するため、メディアで取り上げられることも多い。まさに全国区の知名度を誇る芝居小屋だが、なぜ神社

所在地	香川県仲多度郡琴平町字川西892番地1
主祭神（本殿）	大物主神（おおものぬしのかみ）
創　建	不詳

の門前で歌舞伎が興行されているのか。いつ始まったことなのか。

こんぴら歌舞伎を通して、興行地としての顔も持っていた神社の知られざる一面に迫ってみる。

⛩金毘羅参り

「讃岐のこんぴらさん」こと、四国の香川県琴平町に鎮座する金刀比羅宮の創建年代ははっきりしないが、平安末期の永万元年（一一六五）に崇徳天皇を合祀していることから、この頃には海上交通の守り神としての信仰を集めていただろう。

金刀比羅宮への参詣が金毘羅参りとして、全国的なブームを呼ぶのは江戸時代に入ってからのことである。

江戸時代初期、讃岐一国を治めたのは豊臣秀吉に仕えていた生駒家だったが、寛永十七年（一六四一）に御家騒動のため改易される。同十九年（一六四二）、初代水戸藩主徳川頼房の長男松平頼重が高松十二万石の藩主として入封したが、頼重の異母弟こそ二代目水戸藩主の徳川光圀だった。

讃岐の新しい領主となった高松藩主松平頼重は、讃岐の人々に厚く信仰されていた金刀比羅宮を物心両面で援助する。金刀比羅宮への信仰心を示すことで、領内の支配を円滑に進めたい意図が秘められていたことは言うまでもない。

頼重は参詣はもとより、所領や総門となる大門を寄進する。二層入母屋造で瓦葺きの大門の威容は、今も金毘羅参りの人々を圧倒し続ける。

金毘羅参りには陸路と海路があった。

陸路では、金毘羅五街道と称された五つの街道がある。高松街道、丸亀街道、多度津街道、阿波街道、伊予・土佐街道の五街道だ。四国全土から金毘羅参りの人々がやって来ていた様子が分かる。各街道には灯籠や道標などが建てられ、参詣者への便宜がはかられた。金毘羅講に所属するメンバーが寄進した石造物だった。

海路には、金刀比羅宮に近い丸亀港・多度津港と大坂の間を就航した金毘羅船と呼ばれた乗合船がある。丸亀・多度津港に着いた後は上陸し、丸亀・多度津街道を経由して金刀比羅宮に向かうのである。

金刀比羅宮には、早くから讃岐各藩の藩主が代参の使者を送っていたが、五代将軍綱吉の世である元禄の頃には、中国や九州などの西国大名も代参の使者を派遣している。

その後、大衆化も進む。伊勢参りや善光寺参りと並んで、金毘羅参りは庶民の間でも非常に身近なものになっていく。

⛩宮地芝居の人気高まる

参詣者が急増すると、門前町が大いに繁栄するのは法則のようなものだが、金刀比羅宮の門前町も同じである。門前町には参詣者を目当てに旅籠屋、料理屋、水茶屋、土産物屋などが立ち並ぶのが定番だが、金刀比羅宮には他に例をあまり見ない建物があった。

毎年三月、六月、十月の年三回、歌舞伎が演じられるたびに芝居小屋が建てられたのである。ついには常設小屋が建てられ、現代まで続く「こんぴら歌舞伎」の源流となる。

歌舞伎は江戸時代に大成した芸能だが、単なる芸能ではない。江戸の流行文化を牽引し、消費経済にも多大なインパクトを与える娯楽産業だった。

江戸の社会風俗書である『世事見聞録』によれば、何か立派な事を言い表す時には「誠に芝居を見たような」、誰かを賞賛する時には「役者の誰々を見たような」と、何でも芝居に喩えるのが世の習いとなっていた。

ファッションについても、舞台衣装の染色が世間の流行を呼び起こす。例えば、初代尾上梅幸が衣裳の染色として好んだ灰味の淡萌黄色は梅幸茶と呼ばれ、女性たちは争うようにこの色で染められた着物を着用した。

染色のみならず、役者の衣装や髪型も真似している。まさに、歌舞伎役者は江戸のファッションリーダーであり、女性の間ではカリスマ的な人気を誇った。

舞台にあがれる歌舞伎役者は男性に限定されていたこともあり、女性が歌舞伎人気を支えていた。そうした事情は江戸時代も今も同じだろう。

しかし、江戸の社会風俗に与える影響が余りにも大きかったため、秩序を乱すものとして、幕府当局の忌諱に触れることも度々だった。老中水野忠邦による天保の改革で、江戸歌舞伎の代表格・市川團十郎が江戸追放処分を受けた事件などは、歌舞伎が政治介入を招くほど江戸の社会に影響を及ぼすものだったことの何よりの証明と言えよう。

金刀比羅宮

歌舞伎は二つに大別できる。大芝居と小芝居の二つだ。

大芝居とは常設小屋での興行を許された芝居のことである。江戸の町で言うと中村座・市村座・森田座の江戸三座の芝居を指す。

小芝居は宮地芝居とも呼ばれた。御宮つまり神社の境内に芝居小屋が建てられたからだ。その小屋は常設を許されず、興行が終了すれば取り払われるのが原則である。江戸の町では、湯島天神・芝神明宮・市谷八幡宮での宮地芝居が宮地三座と呼ばれるほどの人気を誇っていた。

大芝居と宮地芝居の差は大きかった。宮地芝居は常設小屋での興行が許されなかった上に、晴天百日間という期間限定だった。格差も激しく、宮地芝居の役者は大芝居の桧舞台を踏むことはできないと言われたほどである。

しかし、宮地芝居に出演する役者のレベルが次第にアップすると、大芝居に比べて料金が安価であったことも追い風となり、観客が増えはじめる。ついには、大芝居の経営を脅かすようになる。

なお、歌舞伎に限らず、人を集めた興行を執り行う際には、その地を支配する幕府や藩の許可を得る必要があった。

⛩ 持ちつ持たれつの関係

神社というと宗教的な施設としてのイメージが強いが、宮地芝居にみられるように、江戸時代は歌舞伎の興行地でもあった。歌舞伎だけではなく、落語や講談などバラエティーに富む芸能興行を楽しめるエンタメの場所でもあった。境内が興行地となっていたぐらいであるから、門前などは言うまでもない。よって、金刀比羅宮の門前町で芝居が興行されても何の不思議もない。

芝居が興行されたのは江戸初期からだが、天保六年（一八三五）までは芝居が興行されるたびに小屋が建てられ、終わると取り払われていた。常設の小屋ではなかった。大芝居ではなく、まさしく宮地芝居の一つだった。

当初は、芝居の興行を希望する者が金刀比羅宮にやって来ていたが、江戸中期に入ると地元の興行主が大坂に出向くようになる。上方歌舞伎のお膝元・大坂では道頓堀に芝居町があったが、そこで人気のあった役者に来てもらおうと交渉に出掛けたわけである。

興行主の求めに応じ、金毘羅船に乗って金刀比羅宮にやって来た役者には、道頓堀の芝居町の基礎を築いた竹田近江・出雲の兄弟のほか、尾上菊五郎、中村歌六、市川団蔵たちがいた。これは常設小屋の大芝居に出演する役者だが、小芝居の役者や地方巡業をもっぱらとする役者が金刀比羅宮の門前町で上演した例もみられる。

興行主側からすると、金刀比羅宮に押し寄せる参詣者を目当てに歌舞伎の興行を企画したが、観客からすると、大坂まで出掛けずとも金刀比羅宮に参詣すれば門前の芝居小屋で観覧できた。参詣者が増加する要因になっていたことは想像するにたやすい。

参詣者が増えることは金刀比羅宮も望むところである。金刀比羅宮と興行主、つまり門前町と相談の上での興行だったはずだ。参詣者が増えれば、当然ながら門前町はその恩恵を受ける。神社と門前町は持ちつ持たれつの関係にあった。

江戸時代、景気浮揚の切り札として、地方の城下町などで芝居が興行される事例は結構多かった。人が大勢集まれば、そこで飲食などの新たなマーケットが生まれて経済が活性化するのは江戸も今も変わりはない。それだけ、歌舞伎は集客力が期待できる興行だった。

金刀比羅宮門前で芝居が興行されたのも、消費経済を活性化させたい門前町の思惑があったが、歌舞伎の集客力に期待したのは金刀比羅宮もまた同じだったのである。

⛩こんぴら歌舞伎の復活

天保六年（一八三五）十二月、門前町から金刀比羅宮に対し、芝居小屋を瓦葺きの常設小屋にしたいという願書が提出された。それまでは芝居が興行されるたびに小屋が建てられ、終了後は取り払われていたが、常設小屋にすれば建設と撤去の費用が掛からないメリットがあった。

翌六年一月、金刀比羅宮は門前町の要望を受ける形で高松藩に常設小屋の建設を願い、許可を得る。早速、大坂道頓堀の芝居小屋（後の浪花座）をモデルに建設が開始され、その年の十月にはこけら落としの興行がはじまる。

明治に入ると、この芝居小屋（金丸座）は金刀比羅宮の所有に帰すが、昭和四十五年（一九七〇）には「旧金毘羅大芝居」として国の重要文化財に指定され、琴平町の所有となる。その後解体され、五十一年（一九七六）に現在地に移築・復元された。六十年（一九八五）からは「こんぴら歌舞伎」がはじまり、現在に至る。

「こんぴら歌舞伎」は、神社が歌舞伎の興行地だった意外な一面を現在に伝える芸能なのである。

参考文献
安藤優一郎『娯楽都市　江戸の誘惑』ＰＨＰ新書、二〇〇九年。

太《だ》宰《ざい》府《ふ》天《てん》満《まん》宮《ぐう》

なぜ菅原道真は大宰府に流されたのか

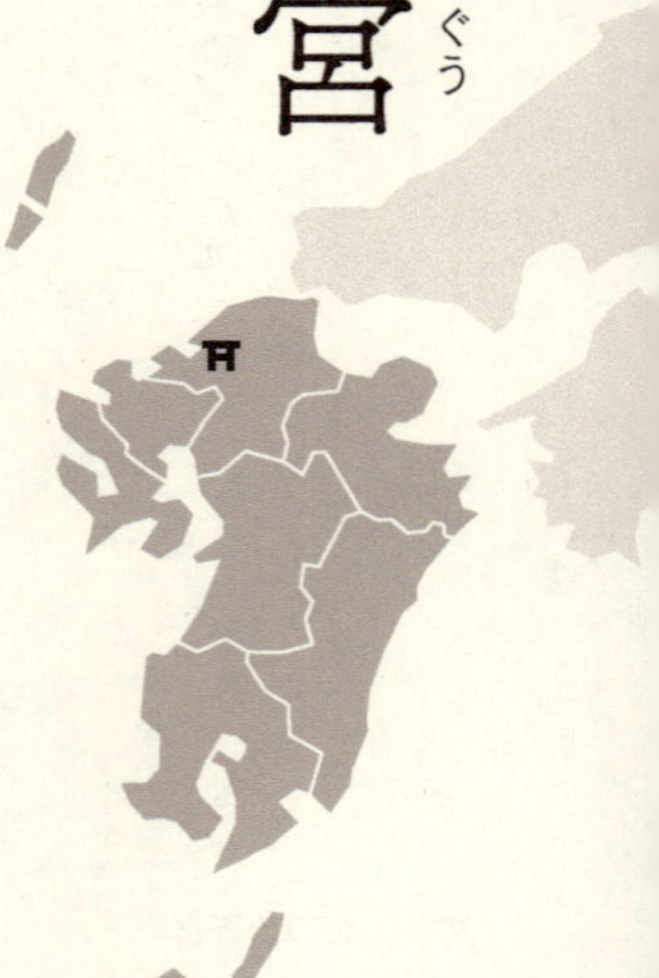

⛩日本三大天神

九州には日本三大天神の一つ太宰府天満宮が鎮座しているが、天満宮つまり天神様といえば、御祭神が菅原道真であることから学問の神様というのが一般的な印象である。

しかし、道真公は政治家としての顔も持っていた。時の宇多上皇の厚い信任を受けて右大臣にまで昇るが、藤原家との権力闘争に敗

所在地	福岡県太宰府市宰府4丁目7番1号
主祭神（本殿）	菅原道真公（すがわらのみちざねこう）
創　建	延喜5年（905）

れ、京都から九州の大宰府に左遷される。失意のうちに亡くなるが、やがて天神様として崇められるようになる。その背景には、藤原家内部の複雑な御家事情があった。菅原道真が天神様として祀られる過程を検証することで、貴族たちによる権力闘争の実像に迫る。

⛩左遷地としての顔を持つ大宰府

大宰府とは、朝廷が九州管轄のため筑前国筑紫郡に設置した役所である。九州は中国大陸や朝鮮半島との窓口に当たることから、大宰府には外交と国防も担当させた。外国使節を接待する宿舎である鴻臚館も置かれる。

長官が大宰帥で、その下に大宰権帥、大弐、少弐と続いた。

九州支配と外交・防衛を職掌としたため、朝廷内では要職とみなされた。例えば、大宰帥は従三位に相当する官職であり、中央で言えば中納言と同じ位だった。

だが、高位ではあるものの、都から遠く離れた九州が任地であり、朝廷内で高位高官の貴族が任命される場合は左遷の扱いとなるのが当時の慣例だった。道真が任命された大宰権帥も同様である。

そうした事情は、皇族の場合も同じだ。弘仁元年（八一〇）に、薬子の変に連座して平城上皇の第三皇子阿保親王が大宰権帥に左遷された事例がある。それから十四年後の天長元年（八二四）、親王は恩赦を受けて京都に戻った。

道真左遷後では、安和二年（九六九）に起きた安和の変で、左大臣の源高明が藤原家のため大宰権帥に左遷された事例がある。長徳二年（九九六）、藤原道長のライバルだった内大臣藤原伊周も同じく権帥に左遷された。花山法皇に矢を射かけたことが罪に問われたのだ。これは政争に敗れたことに伴う左遷ではなく、罪人としての処分であった。

ただし、高位高官の貴族でなければ、大宰府の役人になることが垂涎の的だったことも事実だ。大宰府の役人になることで巨万の富を得た貴族もいたからである。

平清盛も大宰大弐に任命されることで、日宋貿易を介し多大な利益を得ている。九州全域を支配し、対外交渉の窓口という重要ポストであることから生まれた利権は大いに魅力的だった。

⛩ 菅原道真の失脚と失意の死

宇多天皇（上皇）に引き立てられた菅原道真は、もともと藤原家のような政治家ではなく、学問で取り立てられた家の出身である。菅原家は学者として朝廷に仕えていたが、朝廷を牛耳る藤原家を抑え込みたい宇多天皇がライバルに据えようと見込んだことで、異数の出世を遂げる。

寛平三年（八九一）、道真は天皇の側近である蔵人頭に抜擢されたのを皮切りに、参議、権中納言と昇進する。同九年（八九七）、藤原家を代表する藤原時平が大納言に進むと、道真も権大納言に進んだ。その直後、宇多天皇は息子の醍醐天皇に譲位して上皇となるが、その際、これからの政治はもっぱら時平と道真に任せるとの詔を発している。道真をして藤原家の権勢を抑え込もうという宣言に他ならなかった。

しかし、宇多上皇による絶大な信任は藤原家の猛反発を招く。その上、道真には宇多上皇の妃となっていた娘だけでなく、醍醐天皇には弟にあたる斉世親王の妃だった娘もいた。

娘を天皇の妃とし、その間に生まれた皇子を天皇に擁立することで外戚として権勢を振った藤原家と同じ手法であった。このままでは、菅原家が藤原家に取って代わるかもしれない。

さらに、昌泰二年（八九九）には時平が左大臣、道真が右大臣に任命された。名実ともに、道真は時平とともに朝廷のトップに立つ。ここに至り、藤原家は道真を追い落とすための陰謀を廻らす。

同四年（九〇一）一月二十五日、道真を大宰権帥に左遷する旨の醍醐天皇の詔が下った。醍醐天皇を廃して娘が妃となっていた弟斉世親王を皇位に就けようという企みが露見したというのだ。

天皇からしてみれば謀反に他ならない。藤原家の讒言により、天皇の信を失った道真は失脚する。道真を引き立ててきた宇多上皇も、藤原家の妨害に遭って救いの手を伸ばすことができなかった。

二月一日、道真は九州へ向かう。息子たちも土佐や駿河などに左遷された。大宰府に到着した道真はその南館に入るが、気持ちが晴れなかったのは言うまでもない。悶々とした日々を過ごす。

そのストレスからか、翌年に入ると脚気、胃潰瘍などの病気が進行していく。大宰府まで連れてきた幼子が夭折する不幸にも見舞われる。京都に残した妻が死去したとの知らせも入った。

大宰権帥としての生活は二年程で終わる。延喜三年（九〇三）二月二十五日、配所の大宰府南館で五十八年の生涯を閉じたからだ。末期の際に詠んだ詩「鏑居の春雪」には、大宰府に咲き満ちる梅の花への想いとともに、冤罪が晴れて都に帰れることを望む気持ちが秘められていた。

在職のままこの世を去った者は遺骸を荼毘に付して、遺骨を故郷に帰すのが慣例だったが、道真の遺骨は帰京を許されなかった。道真を追い落とした藤原家の意向が背景にあったのだろう。

止むなく、道真の亡きがらは大宰府に埋葬される。現在は太宰府天満宮本殿が立つ地に埋葬され、菩提寺として安楽寺が建立された。

⛩天神になった道真

大宰府で道真が失意の死を遂げた頃から、京の都では雷鳴が鳴り止まなくなる。疫

写真提供：太宰府天満宮

病も流行した。地方では旱魃が続いた。

延喜八年（九〇八）からは、道真を失脚させた面々が次々とこの世を去る。翌年、時平も三十九才の若さで死去した。人々は恨みを残して死去した道真の怨霊の祟りと噂した。

そのため、天皇は祟りを鎮めるため勅使を安楽寺に派遣し、道真の墓所に社殿を造営させた。社殿が出来上がったのは十九年（九一九）のこととされる。だが、なお道真の祟りは収まらなかった。同二十三年（九二三）には、天皇と時平の妹の間に生まれた皇太子保明親王までもが死去する。

そのため、天皇は道真を右大臣に復させるとともに正二位を贈った。左遷の詔も破棄し、延長に改元するが、崇りは続いた。天然疱瘡が流行り、保明親王と時平の娘の間に生まれた皇子も夭折する。

延長八年（九三〇）六月二十六日には、清涼殿に雷が落ち、多くの死者を出す。大きなショックを受けた天皇は病の床に就き、間もなくこの世を去る。

道真の怨霊に怯える朝廷は、さらなる名誉回復に努めていく。正暦四年（九九三）に正一位左大臣、そして太政大臣を贈ることになり、道真の墓所がある天満宮安楽寺にも勅使が派遣された。

一方、怨霊として畏怖された道真の霊は、清涼殿への落雷以後は火雷天神とみなされるようになる。ちょうど、京都の北野に火雷天神が祀られていたことから、朝廷では天満宮を同所に建立し、道真の祟りを鎮めようとしている。ここに、北野天満宮（天神）も創建された。

時が経過するにつれて道真（天神）の祟りも収まり、その記憶は次第に薄れていく。それに伴い、道真の学者としての顔がクローズアップされるようになった。その結果、天神は雷を落とすような神様としてイメージされなくなる。

もともとは荒ぶる神だった天神は学者の象徴たる菅原道真と同一視されることで、学問の神様という全く別の顔を持つに至ったのである。

⛩道真と藤原忠平の知られざる関係

このように、道真は天神様として復活を遂げたが、政敵の藤原家はどうなったのか。時平の死後、藤原家は弟の忠平が仕切るようになり、延長二年（九二四）には左大臣に昇る。同八年、醍醐天皇が幼少の朱雀天皇に譲位すると、摂政に任命され、その後関白にもなった。以後、忠平の子孫が藤原摂関家として摂政や関白を世襲していく。

忠平は時平とは異なり、道真との関係は悪くなかった。道真が大宰府に配流された後も、手紙を送って慰めた話まで伝わっている。さらに、道真に目を掛けた宇多上皇の皇女を妻に迎えており、宇多上皇と対立する時平とは微妙な関係にあったらしい。結果的には、忠平は道真と連携するような形で藤原家を代表する立場を勝ち取ったと言えなくもない。朝廷内で道真の名誉回復を強く主張したのは、それまでの関係を踏まえれば忠平だったはずだ。

そんな藤原家内部の複雑な御家事情のなか、道真は天神様として朝廷から厚く信仰されるようになる。その過程で、太宰府天満宮そして北野天満宮が創建されたのである。

参考文献

『太宰府市史通史編Ⅰ』太宰府市、二〇〇五年。

宇《う》佐《さ》神《じん》宮《ぐう》

なぜ朝廷の人事に影響を及ぼせたのか

⛩全国八幡宮の総本宮

大分県宇佐市に鎮座する宇佐神宮（八幡宮）は全国八幡宮の総本宮だが、奈良時代の終わりには、教科書でも必ず取り上げられるほどの大事件の舞台となる。僧侶道鏡が皇位に就こうした宇佐八幡宮神託事件だ。

所在地	大分県宇佐市南宇佐2859
主祭神（本殿）	八幡大神（はちまんおおかみ）・比売大神（ひめおおかみ）・神功皇后（じんぐうこうごう）
創　建	神亀2年（725）

朝廷は大混乱に陥るが、なぜ宇佐八幡宮は道鏡を皇位に就けよとの御神託を朝廷に奏上したのか。

この御神託事件を通して、当時の神社と寺院の関係を考える。

⛩宇佐八幡宮の中央進出

豊前国の一の宮・宇佐八幡宮の祭神は、応神天皇、比売神、神功皇后（応神天皇の母）である。奈良時代に入るまで朝廷との結びつきを伝える確たる記録は残されていないが、奈良時代前期にあたる神亀二年（七二五）に、現在地へ八幡大神（応神天皇）が祀られて宇佐神宮が創建されたという。

当時、南九州では隼人と呼ばれた人々が反乱を起こしていた。朝廷は討伐の兵を差し向けるが、宇佐の人々も八幡神を神輿に載せて討伐軍に加わる。養老四年（七二〇）のことである。

しかし、隼人の反乱は平定されたものの、戦いで多くの命を奪ってしまったことを悔いた八幡大神は仏教に救いを求める。仏教では不殺生の戒律が非常に重視されていた。五戒の一つでもあった。

その結果、宇佐では神と仏が習合する流れが生まれた。こうして、隼人の反乱平定後に創建された宇佐八幡宮では神職が僧の身なりをするようになる。

天平十二年（七四〇）、九州に左遷されていた太宰少弐の藤原広嗣が朝廷に対して反乱を起こすと、朝廷は宇佐八幡宮に戦勝祈願を行う。この反乱が平定されると、その御礼として金字の最勝王経・法華経、そして三重塔などを寄進している。

同十五年（七四三）、聖武天皇は東大寺の大仏造立の詔を出したが、莫大な経費と人民の労力を要するため反対の空気が強かった。そうしたなか、天の神、地の神を率いて大仏の造営を成就させようとの御神託が宇佐の八幡大神より下った。これを心強く思った朝廷では、八幡神の力を借りようと考える。

天平勝宝元年（七四九）、八幡神の神輿が御供の女性禰宜大神杜女（おおがのもりめ）とともに、奈良の都に向かう。その際、朝廷からは参議石川年足と侍従藤原魚名が迎神使として派遣され、道筋が清められている。殺生も禁じられた。

八幡大神の神輿が都に入ったのを受け、聖武太上天皇、光明皇太后、娘の孝謙天皇が東大寺に行幸する運びとなる。転害門で文武百官に出迎えられた神輿は寺内に入り、僧侶五千人が読経するなか五節舞などが奉納された。

この一連の儀式により、天の神や地の神を率いて宇佐からやって来た八幡神が造営に助力したことになるわけだ。三年後の同四年（七五二）に執り行われた大仏開眼法要でも、八幡大神の神輿が大仏殿に入っている。大仏造営に貢献した功績として封戸が与えられたが、封戸とは領民のようなものであり、年貢などが徴収できた。

⛩道鏡法王の誕生と宇佐八幡大神の御神託

このように、宇佐八幡宮は朝廷との結びつきを強めることで、一地方の神から国家に影響を及ぼす神へと変身していく。国家事業として東大寺の大仏が造営される流れにも御神託という形で関与したが、当時朝廷内で政治力を増しつつあったのは称徳天皇の信任が非常に熱かった道鏡だった。

大仏開眼法要時の天皇は孝謙天皇だったが、天平宝字二年（七五八）八月に譲位して淳仁天皇が即位する。当時、朝廷の最高実力者は母光明皇后の甥にあたる藤原仲麻呂こと恵美押勝だったが、その権勢を奪う動きが出てくる。道鏡という僧侶が孝謙太上天皇の病を平癒したことで厚い信頼を得たからだ。

事態を危険視した押勝は孝謙太上天皇の大権を奪うとともに、道鏡を退けるため挙兵の準備を進める。ところが、その企みが漏れてしまう。

窮した押勝は近江に走るが、追討軍に討たれる。いわゆる恵美押勝の乱だが、その後淳仁天皇は退位させられる。孝謙太上天皇が再び皇位に就き称徳天皇となったのだ。これを重祚という。八年（七六四）のことである。

恵美押勝の乱後、称徳天皇が厚く帰依していた道鏡は大臣禅師に任命される。僧侶が国政に携わることは前例がなく、この後もない。まさしく空前絶後のことだった。天平神護元年（七六五）に太政大臣禅師、翌二年（七六六）には法王位に就く。道鏡の権勢はここに極まる。

天皇は道鏡が皇位に就くことを密かに望んだが、そんな折、九州の大宰府で大宰主神を勤めていた中臣習宜阿曽麻呂から、宇佐の八幡大神より御神託が下ったとの知らせが朝廷に入った。

道鏡を皇位に就ければ天下泰平となるであろう。時に神護景雲三年（七六九）五月のことである。

実際に道鏡が皇位を望んでいたかは分からないが、称徳天皇が皇位を継がせたいと密かに望んだ道鏡にプラスになるような神託を、習宜阿曽麻呂は捏造したわけだ。それは称徳天皇の望みを果たすことにもつながっていた。

天皇は真偽を確かめるため、和気清麻呂を宇佐八幡宮に派遣し、改めて御神託を得ようと考える。清麻呂は宇佐に向かう。

⛩和気清麻呂の派遣

宇佐八幡宮に到着した清麻呂は斎戒沐浴して神殿に額づく。そして、同年七月十一日に身長九メートルもの八幡大神が現れ、次のように告げた。

我が国は開闢以来、君臣の別が定まっている。臣を君とすることは未だかつてない。皇位には皇族を立てよ。無道の人はよろしく排除せよ。

無道の人とは、道鏡を指す。御神託を謹んで承った清麻呂は、それを文章としたものを二通作成している。一通を宇佐八幡宮に納め、もう一通は都に持ち帰り、天皇への報告書とした。

道鏡を皇位に就けることを否定する御神託を宇佐から持ち帰った清麻呂に対し、天皇は大いに失望するとともに、怒りの矛先を向ける。朝廷内で道鏡を皇位に就けようと画策した人々からも恨みを買った。清麻呂は官位を剝奪され、大隅国へと流される。だが、道鏡が権勢を失う時はそこまで近づいていた。

御神託事件の翌年にあたる宝亀元年（七七〇）八月、皇太子を定めないまま称徳天皇が崩御する。一方、最大の後ろ盾を失った道鏡は法王の地位から引きずりおろされた。下野薬師寺別当に左遷され、二年後の宝亀三年（七七二）に配所で死去する。

配流されていた清麻呂は称徳天皇の崩御そして道鏡の左遷を受け、一転赦免される。都に戻った後、改めて宇佐八幡宮が鎮座する豊前の国司（豊前守）に任ぜられた。桓武天皇の時代になると、平安京の造営に尽力していく。

皇位が皇族でない者に奪われる皇統の危機を救ったということで、新天皇が宇佐八幡宮に即位を奉告するために派遣する使者は清麻呂の子孫が勤めるのが慣例となる。これを「宇佐和気使（宇佐使）」と称した。

⛩八幡信仰の拡大

この宇佐八幡宮神託事件とは、僧侶を皇位に継承させようという動きに神社が関与したものである。最終的には神社がその動きを阻んだものの、当時の神仏習合の流れから起きた事件と言えるだろう。当の宇佐八幡宮が神仏習合の発信地となっていたことも大きかったはずだ。

しかし、仏教伝来前から日本固有の宗教として発展を遂げていた八百万の神を祀る神社側に、神仏習合への反発があったことは否めない。よって、宇佐八幡宮では神に菩薩の尊号を献上することでその反発を抑えようとはかる。

菩薩とは仏教用語で成道以前の御釈迦様を指すが、仏に次ぐ崇拝対象でもあった。この尊称を受けて、宇佐八幡大神を宇佐八幡大菩薩と称させた。八幡大神の本地仏を菩薩と定めたのだ。この後、源氏が八幡大神（大菩薩）を自らの守護神（氏神）と定めたことも追い風となり、八幡信仰は全国へと広まっていく。

宇佐八幡宮神託事件とは、既に神仏習合が日本の社会に深く浸透しつつあったことが顕在化した事件でもあった。

水《すい》天《てん》宮《ぐう》

なぜ大江戸八百八町で大人気だったのか

安産の神様

安産の神様として知られる水天宮は福岡県久留米市の水天宮が総本宮だが、東京にも分社が鎮座している。「水天宮前」という地下鉄の駅名の由来となるが、特に戌の日は安産を願う

水天宮（総本宮）

所在地	福岡県久留米市瀬下町265-1
主祭神（本殿）	天之御中主神（あめのみなかぬしのかみ）・安徳天皇（あんとくてんのう）・高倉平中宮（たかくらたいらのちゅうぐう）・二位の尼（にいのあま）
創　建	建久年間

水天宮

所在地	東京都中央区日本橋蛎殻町2丁目4-1
主祭神（本殿）	天御中主大神（あめのみなかぬしのおおかみ）・安徳天皇（あんとくてんのう）・建礼門院（けんれいもんいん）・二位の尼（にいのあま）
創　建	文政元年（1818）

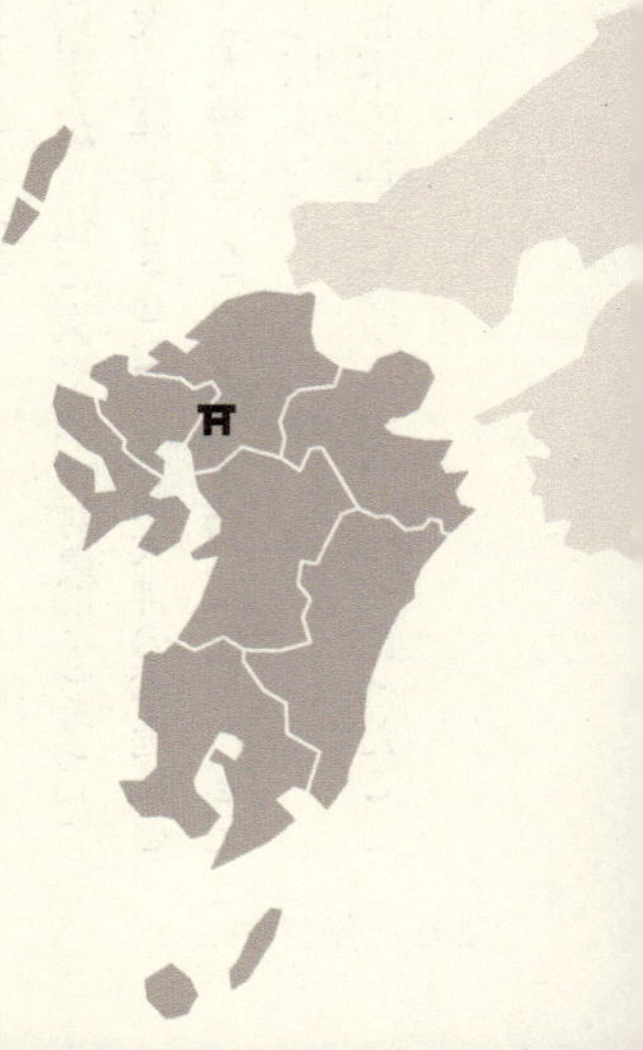

女性たちで賑わうのが現代東京の風物詩にもなっている。

こうした水天宮の人気は、実は江戸時代からのものだった。現在、東京都中央区日本橋蠣殻町に鎮座する水天宮は、元を正せば江戸の大名屋敷（江戸藩邸）内に鎮座していた神社なのである。物見高い江戸っ子が押し寄せた神社としても知られていた。

江戸藩邸に祀られた水天宮の歴史を辿ることで、藩邸内に鎮座する神社が大江戸八百八町でたいへんな人気を博した理由に迫ってみる。

⛩参勤交代と江戸藩邸

水天宮創建の歴史からみていこう。祭神は、天之御中主神、安徳天皇、その母建礼門院徳子、徳子の母二位の尼（平清盛の妻時子）である。

元暦二年（一一八五）の壇ノ浦の戦いで、平家一門は源義経のために滅亡する。安徳天皇や祖母二位の尼は三種の神器とともに入水し、千尋の海に消えた。天皇の母建礼門院徳子も入水したが、助け出される。その後、仏門に入り、大原の寂光院で平家一門の菩提を弔うことになる。

写真提供：水天宮（総本宮）

一方、壇ノ浦の戦いの後、建礼門院に仕えていた女官が九州・筑後に逃れ、筑後川の辺りに水天宮を祀った。これが水天宮のはじまりとされる。

古来より水天宮は水の神、子供の守護神として崇敬されたが、現在地に遷座したのは慶安三年（一六五〇）のこと。久留米藩主の有馬忠頼から社地と社殿の寄進を受ける。

江戸時代、どの大名も江戸に藩邸を持っていた。歴史教科書では定番の記述だが、諸大名は参勤交代制に基づき、原則として江戸と国元で一年間ずつ過ごすことが義務付けられる。幕府からは、江戸での生活用として数千坪から数万坪にも及ぶ広大な土地が与えられていた。

諸大名は下賜された土地に建物を建て、人質として差し出した正室や嫡子、そして大勢の家臣たちとともに暮らした。これが江戸藩邸だが、上屋敷・中屋敷・下屋敷の三種類があった。上屋敷は藩主、中屋敷は藩主の世継ぎや隠居した藩主が住み、下屋敷は別荘として使われることが多かった。

久留米藩（二十一万石）の場合、藩主が住む上屋敷は江戸城の南方にあたる赤羽根橋（現港区三田）にあった。赤羽橋の名は、地下鉄の駅名として現在も残っている。

⛩ 藩邸内の神様が一般公開される

諸大名の江戸藩邸には、国元に鎮座する著名な神様が勧請される例が多かった。江戸で一年間、藩主や藩士たちが生活している間、藩邸内の神様を祀った社に参拝し、留守にした国元が平穏無事であることを願った。残した家族の身上安全も願ったことだろう。

江戸藩邸に勧請された神様としては、以下の事例が代表的なものとして知られている。

讃岐丸亀藩京極家の虎の門屋敷内の金毘羅社、三河西大平藩大岡家の赤坂一ツ木屋敷内の豊川稲荷、そして筑後久留米藩有馬家の赤羽橋屋敷内に勧請された水天宮である。

藩邸内に勧請された神様のもとにお参りするのは、そこで生活する藩主や藩士たちに限られていたが、江戸後期に入ると、江戸っ子も参詣できるようになる。一般公開される事例が増えたのだ。公開日は月に一回が通例だったが、新たな江戸の観光名所として人気を呼ぶ。

その理由は、江戸藩邸が閉じられた空間であることに求められる。現代に喩えると、江戸藩邸とは治外法権を持つ外国大使館のような存在だった。時代劇でも、大名屋敷には町奉行所（町方）の役人は踏み込めないというシーンはお馴染みだろう。

そもそも、江戸藩邸内にどれだけの人数が住んでいたのかも良く分からない。諸藩には幕府に報告する義務もなかった。

江戸藩邸には堀こそなかったものの、いざとなれば藩主や家臣が立て籠もる軍事施設に変身する。それが現実のものとなったのが、慶応三年（一八六七）十二月の徳川家による薩摩藩三田屋敷の焼き討ちである。これが導火線となり、戊辰戦争がはじまる。

このように、江戸藩邸というと閉鎖的な印象が強かった。江戸っ子にとっては謎めいた空間だったが、そのぶん藩邸内部への関心は高かった。そこに参詣の名のもとに入れるわけであるから、人気を呼んだのは当然だろう。

藩邸内の神社を公開するにあたっては、幕府に了解を得るのが慣習だった。水天宮(久留米藩有馬家)の事例をみてみよう。

文政元年(一八一八)九月、久留米藩は赤羽根橋屋敷内に国元の久留米に鎮座する水天宮を勧請した。勧請だけならば幕府に届け出る必要はなかったが、一般公開となれば話は別である。

同十一月、久留米藩は水天宮への参詣を江戸っ子にも許したいという伺書を寺社奉行所に提出した。毎月五日を公開日とし、屋敷の西門から邸内に入らせて参拝させたい。

幕府は久留米藩からの伺いに対し、新たな神事で人々を集めるわけでも、奇怪な異説を広めるのでもなければ、邸内に参詣者を入れるか否かという問題は幕府が判断すべき筋合いの事柄ではないと回答する。久留米藩の判断で決めて宜しい。

幕府の了解も得た久留米藩は、文政元年より邸内の水天宮を江戸っ子に公開しはじめた。歌川広重が江戸名所として画題に選んだことに象徴されるように、江戸っ子の間で凄まじい人気を呼ぶ。

⛩情け有馬の水天宮

公開日の毎月五日、久留米藩の赤羽根橋屋敷西門の近くは早朝より参詣を持つ江戸っ子で膨れ上がるのが定番の光景であった。

午前六時に西門が開くと、江戸っ子が邸内に続々と入っていくが、当初水天宮の御札は一枚しか買えなかった。久留米藩がどれだけの枚数を用意していたかは分からないが、余りにも参詣者が多かったため、予定枚数終了で買えなかった者も続出する。参詣者には物見高い江戸っ子だけではなく、武士も混じっていた。

いきおい御札の奪い合いになってしまうため、参詣に先立って貴重品や刀を屋敷近くの水茶屋に預ける者も多かった。いわばラッシュ状態であったため、その懐を狙う不届き者がいたのだ。武士は丸腰で、町人は裸同然の姿で人混みをかき分けることで、何とか御札を手に入れた。混雑の余り、怪我人も出ている。

余りの人気ぶりに、久留米藩は対応が迫られる。御札の枚数が少なかったことが原因であったため、予定枚数を増やし、販売所も二、三カ所に増やしている。これにより、人々は漸く落ち着いてお参りができ、御札も手に入れられるようになった。

水天宮は安産のほか、水難にも御利益があるとされたことで、廻船問屋など海運業に携わる人々にも人気が高かったが、それだけではない。何と言っても、謎のヴェールに包まれていた江戸藩邸内に入れることが大いに魅力的であり、参詣者殺到に拍車を駆けていた。

邸内の西門から水天宮の社殿までの参道には、奉納された幟が林立していた。社殿にも、商人や歌舞伎役者、遊女からの手拭いが奉納された。参詣者がバラエティーに富んでいた様子が窺える。「情け有馬の水天宮」というフレーズまで生まれるほど、江戸っ子には人気の神社であった。

こうした光景は、水天宮だけではない。国元の神様を江戸藩邸内に勧請した諸藩でも似たような状況だった。藩邸内の神社への参詣を許す藩も増え続ける。

水天宮をはじめとする藩邸内の神社人気の過熱ぶりを、幕府も放っておけなくなる。

天保十年（一八三九）十二月、幕府は次のような通達を出している。

現在公開中の神社は別として、今後新規に公開、あるいは公開を再開することは禁止する。公開している場合についても、屋敷の門前や周辺での商売は禁止するというものだった。公開日に該当の屋敷へと集まる人々を目当てに様々な商売が繰り広げられ、トラブルも起きていたようだ。

なぜ諸大名は江戸藩邸内に鎮座する神社への参詣を許したのか。

安政年間（一八五四〜六〇）の久留米藩の会計記録には、「水天宮金」という項目がある。一般公開により得られた御札の売り上げや御賽銭などの浄財をひっくるめた数字だ。水天宮金は年間二千両にも及んだが、もちろんお金だけが一般公開の理由ではない。そこには御国自慢の気持ちが秘められていた。

参勤交代制により、江戸は全国から諸大名が集まって来る都市であり、自分の家を天下にアピールするのには絶好の舞台だった。藩邸内の神社に参詣者が押し寄せて江戸の評判となれば、自分の家の名前も江戸そして全国へと広がる。そうした江戸の立地環境が、諸藩が一般公開に積極的な理由だったのである。

⛩東京の名所に

明治に入ると、江戸改め東京の水天宮に大きな変化が起きる。明治四年（一八七一）に藩主有馬家の屋敷が赤坂、そして翌五年（一八七二）には日本橋蠣殻町に移転する。それに伴い、屋敷内の水天宮も遷座となり現在に至る。

江戸から明治への時代の激しい移り変わりのなかで、江戸藩邸内に勧請された神社の多くは消えてしまった。しかし、虎ノ門の金刀比羅宮や赤坂の豊川稲荷と並んで、水天宮は今も多くの参詣者で賑わい、東京の名所となっている。

参考文献
安藤優一郎『観光都市江戸の誕生』新潮新書、二〇〇五年。

本書は書き下ろしです。

nbb
日経ビジネス人文庫

30の神社《じんじゃ》からよむ日本史《にほんし》

2018年7月2日 第1刷発行
2024年12月19日 第2刷（新装版1刷）

著者
安藤優一郎
あんどう・ゆういちろう

発行者
中川ヒロミ
発行
株式会社日経BP
日本経済新聞出版
発売
株式会社日経BPマーケティング
〒105-8308 東京都港区虎ノ門4-3-12
ブックデザイン
鈴木成一デザイン室
印刷・製本
大日本印刷株式会社

Printed in Japan ISBN978-4-296-12408-4